SHODENSHA SHINSHO

松下幸之助と私

牛尾治朗
野田佳彦
古賀伸明

祥伝社新書

目次

松下幸之助から託されたもの　73

第九十五代内閣総理大臣　野田佳彦

振り返りたい、創業者の「思い」　135

連合総研理事長　古賀伸明

プロローグ

はじめに、何故私がこの本の執筆者の一人になったのか？　その話から始めたい。祥伝社の旧知の編集者が訪ねてこられ、「古賀さん、松下幸之助についてお書きになられる気はありませんか？」と口を開かれたことがきっかけだった。彼は、私が松下電器（今のパナソニック株式会社）の出身で、長く労働運動に従事していたことを知っていた。パナソニックにおける松下幸之助の遺伝子のようなものがあるのかどうか、あるとしたらそれはどういうものなのかに興味があったらしい。

そのときは、「私は創業者の松下幸之助と直接会って話をしたこともない世代であり、おこがましくて失礼で、そのようなことは出来かねます」と返答したのだった。それでも彼は、あきらめずに思案している様子だった。そして一言、「松下幸之助氏のことが書かれた本は、松下電器の教え子か学者や評論家、ルポライターの方のものしかないんですよね」と言う。そこでふっと思い出したのが、ウシオ電機の牛尾治郎会長のことだった。「現在も現役の牛尾会長は、若い時から創業者の相談相手だった人です。彼であれば、その話に関心を持つ可能性があるかもしれません」と返答した。

牛尾会長には、日本生産性本部の会長時代から、私自身がご指導をいただいていたし、現在でも年に数回は会社を訪問し、意見交換をさせてもらっている。さっそくお訪ねし、ご意向を確認させていただいた。牛尾会長からは、「自分も年齢を重ねているし、松下幸之助という類《たぐい》まれな創業者のことについてまとまった文章を残すことも、自分の役割であるかもしれない。しかし、三つの条件がある。一つは松下幸之助ときわめて関連の深いＰＨＰ研究所の了解、二つ目はパナソニックの先々代くらいからの経営者の了解、三つ目は古賀さん、あなたも一緒に参加すること」との言葉を頂戴した。その場は「私の参加は別にして、一つ目、二つ目は私が詰めてみます」と伝えて別れ、早速、パナソニック本社に連絡し、関係者のご努力で了解がとれた。

牛尾会長に宿題の報告に行くとともに、あらためて本の構想の打ち合わせをすると、今一度牛尾会長から「私だけの幸之助像だと、読者にとっては一断面からだけの理解となってしまう。以前も言ったが、古賀さんも参加してくれることを含め、複数で創るべき」とのコメントをいただいた。複数といっても、そんなに多数では現実的でないし、さまざまなケースを考え、意見交換しているうちに、松下幸之助が創設された松下政経塾の第一期生である野田佳彦・前総理が良いのでは……ということとなり、野田前総理の事務所へ。

野田前総理には、これまで創業者についてまとまったものは書いていないので、良い機会かもしれないとの思いで引き受けていただいた。

さて、問題は、私である。私は会社生活の大半を労働組合活動・労働運動に携《たずさ》わってきた。一九七五年に大学を卒業して、当時の松下電器産業株式会社に入社。折しもオイルショックで、しばらく自宅待機のお達しがあり、入社は四月十日である。座学、製造実習、販売実習のいわゆる新入社員研修の後、初任地は名古屋だった。

あるきっかけから名古屋の労働組合の支部の役員をやり、一九八六年松下電器産業労働組合・中央執行委員として大阪の組合本部に異動した。一九九六年中央執行委員長、二〇〇二年には産業別組織である電機連合・中央執行委員長として東京に異動、二〇〇五年ナショナルセンター・連合事務局長、二〇〇九年に連合（日本労働組合総連合会）の会長となった。二〇一五年連合会長を退任し、現在、連合総合生活開発研究所（連合総研）理事長という経歴である。

私が松下電器産業㈱に入社した一九七五年、創業者である松下幸之助氏はすでに相談役（一九七三年会長から相談役へ）であり、私たちの入社式や研修では、残念ながら直接お話をお聞きした記憶はない。

現在、「松下幸之助歴史館」で保管している入社式や新入社員研修の録音テープで一番最後のものが一九七〇年の講話だということを聞いているので、前述したことは間違いないであろう。

ここでは松下幸之助氏のことを「創業者」と呼ばせていただきたい。その呼び方が私にとって一番しっくりとくるからだ。

私が直接創業者の姿を拝見したのは、一九八六年七月に松下電器労組本部の中央執行委員になってからである。松下電器では、新年の一月十日の恒例の経営方針発表会には、労働組合本部の役員も出席していた。翌八七年一月、創業者は創業70周年を前にして、原点に戻って新規開業を訴えておられた。

経営方針発表会でのお話は控えられていたが、亡くなった1989年にも、壇上に上がっておられ、最後にお話をされたのが1987年となった。

このように、私は創業者と直接お会いしてお話しさせていただいたことがない世代であり、私が創業者のことを書くなどこれまでまったく考えたこともなかったし、これからもないであろうと確信していた。なぜなら、そんな環境下にある私では、偉大な創業者に大変失礼だし、読者に迫力をもって伝えられないからだ。

しかし、これまでの歩みの中で、私は常に松下幸之助創業者という巨人の姿を陰に陽に感じ続けてきたことも事実だし、今年は創業者生誕一二五周年に当たる。

この節目の年に、これまでの諸先輩方からお聞きしたことや、松下電器労組運動史をはじめとする書籍などを参考にし、創業者と労働組合との関係を中心にしながら、私なりにもう一度創業者に向き合ってあらためて何かを感じてみようと思う。

牛尾会長と野田前総理には、また私と違った松下幸之助を提示していただけることと思う。三者三様の松下幸之助像がここに揃って、経営の巨人のまた新しい像が結ばれることを期待している。けっして古びることのない、混迷を極《きわ》める時代の指針が見つけられることと思う。

連合総合生活開発研究所理事長
古賀《こが》伸明《のぶあき》

経営の神様に学ぶ企業経営の原点

ウシオ電機会長　牛尾治朗

一　真々庵での出会い

一九六四年ごろのことだった。

住友金属工業の社長（当時）だった日向方齊《ひゅうがほうさい》さんに連れられて、京都市左京区南《なん》禅寺《ぜんじ》の西隣にある真々庵《しんしんあん》を訪ねたのが、松下幸之助さんとの最初の出会いである。

今はパナソニックの迎賓館である真々庵は当時、松下電器会長だった松下さんの別邸であり、ＰＨＰ研究所が置かれていた場所でもあった。

東京の若手経営者であった博報堂の瀬木庸介《せきようすけ》さんや西武百貨店の堤清二《つつみせいじ》さん、日興証券の遠山直道《とおやまなおみち》さんらが一緒だったと記憶している。

松下さんはわれわれを迎えに、玄関まで出て来てくださった。このとき、松下さんは七十歳前後だったが、枯《か》れた感じはまったくしなかった。

そして、私の顔を見た瞬間に声をかけてきた。

「あっ、あんた牛尾健治《うしおけんじ》さんの息子さんですか」

「そうです。僕は次男坊です。銀行を辞めて経営者になって四年目です」

「ああ、そうですか。お父さんは早くに亡くなられましたなあ」

牛尾工業の経営者だった父の健治は、松下さんと日本電機工業会でのつきあいがあったのである。

松下さんは、自ら庭を案内してくださった。木々の間は一面の苔《こけ》に覆《おお》われ、歩道には白砂が敷き詰められていた。中央には琵琶湖疏水《そすい》から引き入れた池があり、庭内には伊勢神宮の内宮《ないくう》を模《も》した根源社《こんげんしゃ》と呼ばれる社《やしろ》もあった。

庭の一角にある茶室で、松下さんはお茶を点《た》ててわれわれに振る舞い、懐石料理の老舗である南禅寺瓢亭《ひょうてい》から取り寄せた弁当を一緒に食べながら歓談した。

話題は真々庵の由来や、一九四六年に設立したＰＨＰ研究所の話であった。ＰＨＰとはPeace and Happiness through Prosperityの頭文字を取ったもので、「繁栄によって平和と幸福を」という意味である。企業経営の話をされなかったので、帰る途中、堤清二さんらと「意外だったね」と話し合ったことを覚えている。

私も堤さんらも、会って話すまで松下さんはてっきり商売のことばかり考えている経営者だと思い込んでいた。野村財閥を築いた野村徳七《のむらとくしち》さんのように成功して富豪になったので、京都に別邸を持ったのだろうぐらいに考えていたが、ＰＨＰの話を聞いて「すごい人だなあ」と感心したのであった。

この当時、私はと言えば、一九六四年四月にウシオ電機を設立してまもない頃だった。

私は旧制三高（今の京都大学）から東京大学法学部を卒業後、東京銀行（今の三菱ＵＦＪ銀行）に就職した。一九五六年には東京銀行に籍を置いたまま、カリフォルニア大学バークレー校の大学院に留学して政治学を学んだ。

一年後に父親の急病で帰国。父親から家業を継ぐように言われたが、このときは拒否し、神戸銀行（今の三井住友銀行）に転職している。神戸銀行の前身である姫路銀行は、祖父の牛尾梅吉《うめきち》が創業した銀行であった。

父親が五十九歳の若さで亡くなったのを機《き》に、一九五九年、私は家業であった牛尾工業常務取締役に就任し、経営の世界に足を踏み入れた。映写機用の放電灯クセノン・ランプの商品開発を進め、事業を軌道に乗せたのである。

日本青年会議所（ＪＣ）にも加入し、一九六二年にはＪＣのメンバーたちと欧州経済共同体（ＥＥＣ）（後のＥＵ＝ヨーロッパ共同体）の視察に行ったこともある。このとき、東大経済学部の内田忠夫《うちだただお》教授が同行していて、毎晩のように講義を聞くことができた。「市場経済は経営者のレベルによって決まる」という話は、今でも記憶に残っている。

また、ＪＣでは政治セミナーも開催していた。若手の政治家たちとも交流していたが、そのなかには後に総理大臣になる大平正芳《おおひらまさよし》や宮澤喜一《みやざわきいち》、橋本龍太郎《はしもとりゅうたろう》、小渕恵三《おぶちけいぞう》、海部俊樹《かいふとしき》らがいた。

ところが、一九六二年に牛尾工業がウシオ工業と社名変更するころから設備過剰に陥《おちい》り、金融機関から「電機部門を切り離し、業績のいい繊維部門だけを存続させるなら融資を継続する」と通告された。このため、電機部門を独立させ、社員二六八人の会社として創業したのがウシオ電機である。私が三十三歳のときだった。

ウシオ電機は企業理念の第一として「会社の繁栄と社員一人ひとりの人生の充実を一致させること」を掲げている。社員みなが「この会社で働いてよかった」と思えるような会社づくりが、経営者である私の目標であった。

松下電器は関西では戦前から有名な企業だったので、神戸生まれの関西人である私も、松下さんに並々ならぬ興味を抱いていた。

とりわけマーケティングやマーチャンダイジングの能力が高いことも、知っていた。一九五二年に松下電器がオランダの企業フィリップスと提携して以後は、よりいっそうの興味を持つようになっていた。

二　JCの講師に招く

真々庵で出会って以来、私は松下さんと年に二回ほど会って意見交換する間柄になったが、一九六九年に私がJC会頭に就任すると、より頻繁に会うようになった。

このころ、JCが企業経営をテーマにしたアンケートを実施したことがある。「尊敬する経営者は誰か」と聞いたところ、JC会員の四割を超える人たちが松下幸之助と答えたのである。

地方の中小企業経営者の中には、「官学出中心である東京の大企業と違って、松下さんは自分たちの仲間から出た大成功者だ」と親近感を持つ者が少なくなかったが、実際に調査した結果、日本で一番人気のある経営者であることがわかったわけだ。

それで、何か大きな会議やイベントがあると、JCにお招きしては松下さんに講演をしてもらったが、毎回とても熱気溢《あふ》れる会となった。

一九六九年夏のことである。日本生産性本部が長野県軽井沢のホテルで開催した夏のトップ・セミナーで、私はJC会頭として「私はこう思う～70年代の経済と企業環境」というテーマで講演した。

ちょうど一週間ほど前に、アメリカのアポロ十一号が月面着陸に成功したタイミングであった。私は講演の冒頭、同い年であるアームストロング船長の「ひとりの人間にとっては小さな一歩だが、人類にとっては大きな飛躍だ」という有名なセリフを披露し、財界のお歴々を前にして「私も三十八歳。これを機に経済界に新たな一歩をしるしたい」と切り出した。

続いて「七〇年代は、多元的で激しく変化する時代となる。需要も供給も多様化が進み、企業化の機会は、大いに開ける。何が最適で、効率的か。経営者にとっては、選択の時代となる」と指摘した後、次のような話をした。

「三十歳未満の人が従業員の八五パーセントを占めるようになる一九七五年ごろには、組合の役員選挙の決定権を握る。そうなると、封建的な医学部で始まった東大紛争が全国の大学に波及したように、企業にも『内ゲバ』が起きて地滑り的に広がっていくのではないか。若い世代が参加型の組織を望んでいることを、経営者は理解すべきだ」

私としてはごく当たり前のことを言っただけのつもりだったが、マスコミには「企業にも内ゲバ」という点が大きく取り上げられ、世間の耳目《じもく》を集める結果になった。

折しも、同年一月には東大の安田講堂を八千人余りの警視庁機動隊員たちが包囲し、中に立て籠《こも》っていた七百人近い学生たちを逮捕する事件が起きた。全国の大学でも学園紛争が起きて大騒ぎになった年である。

その後も一九七三年のオイルショックを機にインフレが進む中で、企業の反社会的行動を糾弾《きゆうだん》する世論が盛り上がり、混乱が続いた。「大学紛争が企業にも飛び火する」と言った私の発言は、不幸にも的中することになったのだ。

ちなみに、日本生産性本部は後に社会経済国民会議と統合して、社会経済生産性本部となる。私は二〇〇三年にこの組織の第六代会長に就任することになったが、まさにご縁としか言いようがない。

松下さんは「若い人たちと議論がしたい」と言って有志に呼びかけ、一九六九年秋ごろ、日本を考える青年会議を発足させた。メンバーには私のほか、薬師寺管主《やくしじかんす》だった高田好胤《たかだこういん》さん、政治家の石原慎太郎《いしはらしんたろう》さん、作曲家の黛敏郎《まゆずみとしろう》さんらがいた。松下さんは全国から同志を集めて、日本を考える青年会議主催の盛大なイベントを開催した。

松下さんは、私の父である牛尾健治の四歳上であった。私は三十六歳も年下だから親子のような間柄である。また、松下さんが創業者であるのに対し、私は三代目経営者であり、仕事上の取引関係もなかった。つまり、お互いに異質な存在であるにもかかわらず、私はその後、松下さんの相談相手のような存在になっていく。

その理由はおそらく、私が松下さんの言うことに何でもは賛成しなかったからにちがいない。私はどちらかと言うと、意見の違うことは違うとはっきり言う人間である。また、他人から聞いた話ではなく、自分で考えたことを話すところが気に入ったのではないかと考えている。

松下さんはじっと耳を傾けて話を聞き、その内容をじっくりと考えるタイプだった。松下さんと私は意見が食い違うことが珍しくなかったが、私が違う意見を述べると、松下さんはすぐには反論せず、ぐっと押し黙って沈思黙考した。それでやりとりが終わったわけではなく、次に会ったときに「あれから考えたんやけどなあ」と言って議論を続けるのが常だった。

自前の考えに確信を持っていても、若い世代の私が違う考えを言うと、もう一度、自分の考えを吟味《ぎんみ》する。松下さんは、そういう度量を持った経営者であった。

八十歳を過ぎた頃、私は当時の松下さんの気持ちがよくわかるようになった。自分より三十歳以上も若い人から反対意見を言われると、とても気になる。そういう気概のある人はめったにいないから、ギクッとして一瞬、足がすくむのである。私も若い頃、松下さんに対して同じことをやっていたわけだ。

松下さんと親しくつきあうようになって驚いたのは、松下グループ全体の仕事について、実によく精通していることだった。七十歳を過ぎて、松下さんは現場から遠ざかっているにちがいないという思い込みがあったが、実際には生涯現役だったのである。

もちろん経営判断を自分でやっていたわけではないが、いつでも松下グループのどの子会社の社長でもできる人だという印象を強く持った。だから、当時の山下俊彦《やましたとしひこ》社長をはじめ、松下グループの幹部たちにとって、松下幸之助という人は非常に恐《こわ》い存在だろうと推察したのであった。

私が松下さんに覚える共感は、何度も土俵際に立たされながらも、ひとつの組織を支えてきた者同士にだけわかる心情と言ってよいかもしれない。

つまり、企業経営に限らず、組織や集団を創造的に運営する際、ギリギリのところでの舵《かじ》取りは結局、トップリーダー個人の手作業に帰《き》するのだということである。

企業経営であれば、ある決断をするときに、調査部や企画部のリポートを参照したり、社内外のブレーンにアドバイスを求めたりすることはできるが、それだけではダメなのだ。最後のギリギリの局面では、経営者個人が鉛筆を舐《な》め舐め、「これがこうで、あれがああだから、結局こうなるのではないか。こうしたら、ええのやないか」と考えるのである。

これは企業経営のみならず、国家の軍事戦略でも科学技術のビッグプロジェクトでも同じだと思う。最終的な決断は、トップリーダーの手作業に帰さざるをえないのだ。逆に言えば、自分で鉛筆を舐め舐め、ギリギリの手作業をしたことがあるかどうかが、単なるコーディネーターとリーダーの違いだと言ってもよい。
松下さんと会って話していると、そういうことをピリピリと感じたのであった。

三　都知事選立候補騒動

一九七六年、当時の自民党の金権政治に反旗を翻《ひるがえ》して新自由クラブが結成され、河野洋平《こうのようへい》さんが代表になった。

財界ではそれまでの自民党との関係もあって様子見を決め込む人が多く、新自由クラブを明確に支持した経営者は、ソニーの盛田昭夫《もりたあきお》さん、西武百貨店の堤清二さん、それに私ぐらいであった。

河野さんとの出会いは、アメリカ留学中である。私がカリフォルニア大学バークレー校の大学院で政治学を学んでいたとき、スタンフォード大学で学んでいた河野さんと知り合い、意気投合した。それで、河野さんが新自由クラブを結成して以来、政策立案の面で協力するようになったのである。

私は松下さんを訪ねて「まだ小さな芽《め》ではあるけれども、大きくなって日本の保守を変えるかもしれない」と述べて助勢をお願いしたところ、松下さんは「それは、そうやな」と言って河野さんと何度か会い、人もお金も出して支援してくれた。

新自由クラブは結党直後の総選挙で、一挙に十七人の候補者を当選させて脚光を浴びた。しかし、松下さんは「どうも自分の考えと違う」と疑問を感じたようだった。それで、松下さん自身がどう考えているのか尋ねたところ、「政治において一番大切なのは、国家経営だ」という答えが返ってきた。

松下さんは一九七四年に刊行した『崩れゆく日本をどう救うか』がベストセラーになったのに続いて、一九七六年に「新国土創成論」を、一九七八年には「無税国家論」を発表した。

新国土創成論は百年を超える長期計画を立て、日本の山を削《けず》り、海を埋め立てて有効可能面積を広げる構想である。無税国家論は後述するように、国家の歳出を削減して歳入を下回るように抑《おさ》えることにより、その余剰金の金利収入で無税国家を実現するというユニークなアイデアであった。

これらの論説の根本にあったのが、国家経営という発想である。私なりに咀嚼《そしゃく》して説明するならば、政治にマネジメントという概念を導入し、現実に適応した柔軟な政策判断を行なうことによって、魅力ある政策を立案・実行していこうというものだ。

もうひとつ、松下さんが重要視したのが市場《しじょう》である。市場は、競争を通じて売り手と買い手の多様な利害を調整する場と言ってよい。それゆえに、一面において多数の利害調整の結実である民主主義の仕組みとよく似ている。だから、政治も市場を重視する視点を持つべきだと松下さんは考えたのである。これは、ある意味でアメリカ的な民主主義に近い発想と言えるかもしれない。

一九七九年の東京都知事選挙で、私は複数の政治家から出馬を要請され、都知事候補として騒がれた末に、松下さんのアドバイスで不出馬を確認したいきさつがある。

発端は、一九七八年八月に新自由クラブ代表だった河野さんが「来年の都知事候補に牛尾治朗を」と打ち上げたことだった。私は記者会見を開いて「まったく聞いておりません」と述べ、二週間のヨーロッパ訪問に出かけた。それで都知事候補の話は立ち消えになったはずであった。

ところが、同年十二月のクリスマスイヴの夜、東京・大田区蒲田にあった当時の大平正芳総理大臣の私邸に招待されたとき、大平総理から突然、「牛尾君、都知事になる気はありませんか」と言われたのだ。学習院大学教授の香山健一《こうやまけんいち》さんや演出家の浅利慶太《あさりけいた》さんらと一緒であった。

「新自由クラブを応援した私が立候補しても、党内の政治情勢は簡単ではないでしょう」と答えると、同席していた首相秘書官で大平さんの娘婿でもあった森田一《もりたはじめ》さんが「牛尾さんの言う通り。簡単ではありません」と応じた。大平総理はそれでも「牛尾という神輿《みこし》は十分な値打ちがある。後は、あなたたちがどう担《かつ》ぐかです」と言って、香山さんや浅利さんを挑発した。

私は「年が明けてからゆっくりお話ししましょう」とだけ述べてその場を辞した

が、年の瀬から「自民党、都知事候補に牛尾氏」という記事が新聞に大きく出始め、マスコミ各社の記者たちによる私への連日の夜討ち朝駆けが始まった。

明けて一九七九年正月、大平総理から電話があり、「自民党内は予想外に軋轢《あつれき》が大きい。立候補に際しては、かなりの抵抗を覚悟してほしい」と告げられた。政策本位で立候補を検討する余地がないことはなかったが、「権力争いに巻き込まれたくない」と思った私は、立候補の話を断ることで心を決めた。

そんなとき、松下さんから電話がかかってきた。それで、同年一月十日ごろ、兵庫県西宮市にあった松下さんの邸宅を訪ね、それまでのいきさつを報告した。その上で、どうすべきか相談したところ、松下さんは突然、意外な質問をされた。

「あなたの会社の従業員は何人ですか」

私は怪訝《けげん》な顔をして「直轄している従業員は千百人ぐらい。関係あるところは五百人で、全部で千六百ぐらいですよ」と答えた。

すると、松下さんはしばらく考えてから言った。

「立候補されるなら、後のことは私が引き受けましょう」

松下さんはウシオ電機の仕事の内容も業績も聞かずに、そう言った。その上で、大平さんの物言いを尋ねられたので、私が「立候補は私の意思しだいだと言っておられました」と言うと、松下さんは次のような結論を下したのである。

「ぜひ推《お》すと言わずに、大平さんがあなたに決断を振ったなら、やめておきなはれ」

この一言で、立候補を断わるという私の決心は確信に変わった。松下さんが私に尋ねたのは、従業員数と大平総理の発言だけであった。そのふたつにポイントを絞っての質問で、決断とはこういうものかと強く感じたのである。

こうして、同年一月十三日に東京都港区の虎の門病院に入院して人間ドックを受けていた大平総理を訪ねると、病院の入口にマスクをしてダスターコートを着た大平派の田中六助《たなかろくすけ》さんが待っていた。

田中さんは「安倍晋太郎《あべしんたろう》や中川一郎《なかがわいちろう》も、君を支持すると言っている。政局を転換するために、都知事選は大事な節目なのだから、立候補を止めてはダメだ」と言って、私を説得しようとした。しかし、すでに腹を決めていた私は、大平総理に会って立候補の意思がないことを告げたのである。

その後、私を熱心に推してくれた河野洋平さんとの調整を済ませ、公式に官邸を訪ねて立候補辞退の記者会見をしたのは、同年一月二十三日であった。

紆余曲折《うよきよくせつ》を経《へ》ての決断だったが、「総理にそこまで見込まれたのなら、浮名《うきな》もうけと思いなはれ」という松下さんの一言で、私は溜飲《りゆういん》を下げたことを覚えている。

四　松下政経塾創設秘話

一九七九年に松下政経塾が創設されたとき、私は理事兼付属政経研究所副所長として塾長の松下さんを補佐した。塾生を選考する面接官を四年ほど務め、初めの二年間は年に五〜六回の講義を受け持った。だから、一期生から五期生までの塾生は、全員の顔と名前が一致するのだ。

しかし、実は松下政経塾の構想について松下さんから相談されたとき、私は「冗談ではありません。反対です」と言って、はっきりと反対意思を表明していたのである。

「政治家なんてものは自分の手で勝ち取るものであって、育てるなどというヤワなやり方ではダメだ」というのが最大の理由だった。政治とは自らの力で権力を奪取する闘争であり、棚から牡丹餅《ぼたもち》のように「政治家を育てる」という発想には違和感を拭《ぬぐ》えなかった。

私が反対理由を述べると、松下さんは「それは、そうやな」と言う一方で、「しかし、政治家が競争するのを待っているだけでは、十年経《た》ってもいい政治にならんのではないか」とも述べた。

その後、松下さんから再び呼ばれて、いよいよ政経塾を創設することを告げられた。

「やはり政経塾やらんとあきまへんわ」

「そうですかね。僕はそんなヤワなのはダメだと思いますよ」

「いよいよ、わしはやることにしたけど、あんたが賛成してくれんと、やはり自信を持ってやれない」

「そこまでおっしゃるなら、賛成です」

私が折れると、松下さんはすかさず私をリクルートして来た。

「賛成なら、あんた手伝うか？」

「それは手伝いますよ」

もともと自分と反対の意見の私を入れて事を起こす度量に共感して、引き受けた。

創設から二十年ほどで、松下政経塾出身の政治家は首長を含めて五十人を超え、国会議員も三十人近くに達した。

二〇一一年には、一期生の野田佳彦《のだよしひこ》さんが総理大臣に就任した。また、他にも多数の大臣を輩出したことを考えると、松下さんのほうが私よりも洞察力があったと言わざるをえない。

松下政経塾の塾生の選考で共感したのは、松下さんのものの見方である。いわば衣裳を全部取り払って、実体を見るという姿勢であった。関西人には肩書きや服装、勲章などではなく、素っ裸にして相撲でも取らせてみて人間を見るという風潮があるが、松下さんにもそういうところが顕著であった。

一期生の選考の際、私が「定員三十人をどうやって選ぶのですか」と尋ねると、「私が会って自分の体験と直観で選ぶ。知識や能力より、むしろ愛嬌《あいきょう》を見たい」と言っていた。

この愛嬌という言葉はなかなか含蓄が深い。その人の表情がいきいきとしているか、多少幼稚であっても借り物の知識でない何かがその人にあるか。要するに、人間としての面白さを見ようというのである。

また、「自分の体験と直観で選ぶ」というのも、なかなか言えないことだ。というのも、多くのリーダーたちはそこまでの自信がないので、いろいろな試験を実施して能力や性格などを調べて参考にしているからだ。

一期生の選考の際、私が面接を担当した中に、後に野田佳彦さんもいた。それまで何人かを面接したところ、勉強不足の浅薄な政治論を打ち上げる若者ばかりで少々閉口していた。ところが、野田さんはまったく違う物静かなタイプで「政治に興味を持っていますが、日本にどのような政治がいいのかわかりません。政経塾が考えている政治とは、どういうものでしょうか」と逆に質問してきた。

それで、私は「こういう政治をしないといけないというものはない」と説明し、自習自得をはじめとした政経塾の方針を伝えた。すると、野田さんは「みんなが自ら考えて参加するのはすばらしいですね」と言ったので、面接官の私のほうが何だかホッとしたのを覚えている。そして、こういう人を入れないといけないと思って、合格を出したのである。

詳しくは、本書で本人が書いている論考に譲《ゆず》るが、野田さんは衆議院議員二度めの選挙で、わずか百五票差で苦杯を嘗《な》めた後、来る日も来る日も駅頭で演説して有権者に訴えた。大企業の経営者も知り合いにいたが、選挙区内の商店主ら支援者から五万～十万円という少額のカンパを募《つの》り、地道な活動を続けて返り咲いている。

実際に政治家になるためには選挙戦を勝ち抜かなければならず、その過程で権力闘争をいやというほど経験せざるをえない。本当に苦しい選挙を勝ち抜いた野田さんのケースを見て、私が当初抱いていた「育てられた政治家はヤワでダメだ」という懸念は必要なかったと思うようになった。

野田さんについては、松下さんも大変気に入って合格を出している。

松下さんの人を見る目は鋭《するど》く、私が紹介した人物についても一回ほど会うと、「あの人はこうでんな。こういう点は素晴らしいが、こういうとこが足りまへんな。こういう点は注意されたほうがいいですな」といったことをピシッと指摘された。言われてみると「なるほど」と思い当たることが多かった。

松下さんがあれほどの眼力《がんりき》を持ちえたのは、やはり創業者だったからではないか。

創業者というのは、いわば無から有を生じた人であるから、どこか超人的なところがある。まず、強運であること。それから、想像を絶する気力、常識を超えたひらめき、直観力、いざ本番というときに見せる集中力、火事場の百人力などなど。私のような三代目にも、幸運や時代性、一般性など常識的な良さがあるが、創業者の超人性にはとても太刀打《たちう》ちできないところがある。

五　政経塾が目指したもの

晩年の松下さんが気に病《や》んでいたのが、日本の行く末だった。戦後の公職追放やその後の証券不況などを経験した松下さんは、企業経営が間違っていなくても、国家が経営を間違えてしまえば、企業もその影響から逃れられないことを身を以《もっ》て知っていた。

松下電器という会社の経営も大事だけれども、日本という国家の経営はもっと大事だと思想を深化させていた。松下さんは政治ではなく、経営という観点から国家を考えていたのである。

松下さんが「既存の政治家ではダメだ」と諦《あきら》めた理由は、企業経営や市民生活についてわかる政治家が見当たらなかったからだ。だからこそ、松下政経塾では販売店や工場での実習など、実社会での体験を重視したのであった。

松下政経塾で私が講義をしたとき、松下さん自身が塾生たちと一緒に私の話を聞いたことがあった。ちょうど、私の次に松下さんが話すことになっていたので、時間を作って私の話を聞くことにしたのだろう。

私の講義が終わると、松下さんが「いや、きょうは本当にええ話や」と言った。私が話した内容に満足したようだったが、驚いたのは次の発言だった。松下さんは「私はきょう、しゃべるのを止めます。この後、よう自修しなはれ」と塾生たちに告げたのである。

つまり、私の講義内容を嚙《か》み砕《くだ》くことのほうが、松下さん自身の話を聞くよりも塾生にとって大事だから、よく反芻《はんすう》せよというわけである。これほどの誉《ほ》め言葉があるだろうか。講師冥利に尽きる発言であった。

松下政経塾をイメージするとき、一番近いのが旧制高校ではないかと思う。

私は旧制三高最後の世代だが、学ぶことの六割はリベラルアーツ（教養）であった。デカルト、カント、ショーペンハウエルの哲学書をはじめ、最低限これだけは読破していなければ話に入れてもらえない書物が厳然としてあった。

みながそういう書物を読み、議論を重ねて学んでいくのである。これこそ、松下さんが言う「自修自得」ではないだろうか。

社会に出た後も、旧制高校時代の友人たちと集まることが多かった。三高出身というだけで、同窓の先輩たちにもずいぶん目をかけてもらった。松下政経塾の場合も先輩後輩のつながりは濃密で、先輩たちが党派を越えて落選した後輩を慰め、励ますこともある。このような人間関係は、やはり旧制高校的だと言える。

また、卒塾生が国家のあるべき理想像を共有していることも、旧制高校と似ている。多くの卒塾生がアメリカ流に言えば、コンサバティブ（保守）六、リベラル（自由）四ぐらいのバランスに落ち着くはずだ。リベラル八、コンサバティブ二ではないという微妙な匙《さじ》加減が、松下流なのである。

具体的に言えば、市場重視、国家経営、日米同盟下での軽武装・経済重視などの基本方針のほか、日本の伝統を重視し、日本人の心を大事にする点も共通している。これらはまさに、松下さんがその大切さを強調していた事柄である。

松下政経塾の創設に関わったひとりとして、私が思い起こすのは、当時の松下さんが八十四歳という年齢にもかかわらずに持ち続けた「青年の論理」である。大変な理想主義者と言ってもいい。

松下さんが当時、繰り返し説いていたのは、進取の気性を持てということ。それから、バランスを大事にしろということ。そして自修自得、つまり自分で課題を作って自分で解決策を見出《みいだ》せということである。

過去にあれだけの成功を収め、あれほど巨万の富《とみ》と名声を手中にしながら、失敗の可能性も承知の上で新しいことに挑戦したのは、驚嘆に値する。富も名声も持たないものが一《いち》か八《ばち》かの賭けに出るのとは、本質的に違うのである。

功成り名を遂《と》げた経営の神様が、晩節を汚《けが》すことになりかねないのに、なぜそんなリスクを冒《おか》してまで挑戦するのかと、首を傾《かし》げた財界人も多かったに違いない。しかし、松下さんにしてみれば、そんなことは取るに足りないことであったろう。松下さんをそこまで駆り立てたものは、何だったのか。それは使命感であったと私は考えている。

日本は高度成長を果たしたものの、社会のさまざまなところに歪《ゆが》みが現われていた。とくに一九七〇年代になると、ロッキード事件が発覚して政治の腐敗が露呈し、政策論なき政局に踊る政治家たちへの失望が募った。

このままでは日本の未来は危《あや》ういという危機感から、二一世紀の日本を担う政治家を育てることが自らの使命だと松下さんは思ったのだろう。そのためなら、七十億円の私財を投じるのも惜しいことではなかったにちがいない。

しかも、その挑戦の仕方は正攻法であった。松下政経塾の場合で言えば、文部省（今の文部科学省）の財団法人の認可を取る際、松下さんの政経塾に対する考え方が文部省の教育施設に対する考え方と食い違っていたために、非常に苦労をされた。

普通であれば「とにかく財団法人の認可を取るのが先決で、後のことはまた考えよう」といった志向になりがちだが、松下さんは最後まで執拗《しつよう》に自分の主張にこだわり、文部省の担当官を説得したのであった。そういった松下さんの情熱と正直な姿勢に、私は共感を持ったのである。

面白いのは、松下さんの主張はどんなに理想主義的であっても、必ず具体論が伴っていた点である。「新国土創成論」にしても『崩れゆく日本をどう救うか』にしても、粗削《あらけず》りではあっても、その主張を実現するためにはこうしたらいいという提言が含まれていた。つまり、松下さんは自らの主張を単なる夢物語にしないために、自らの主張と現実との間に橋を架けようと努めたのであった。

松下政経塾の創設についても、そうである。現在の教育制度の欠陥を埋めるために私財を投じて、あそこまで具体的に現実に向かって橋を架けようとした人は他にいないのではないだろうか。

六　幻となった新党結成

松下政経塾はその後、多くの果実を実らせた。しかし、松下さんが一九八九年に亡くなるまでに国会議員になったのは数人に止まった。実際の政治において、これといった成果を上げることができなかったのだ。

松下さん自身、政経塾ができて三年目ぐらいには「このままでは日本の危機に間に合わない」という焦《あせ》りがあったと思う。

一九八二年、雪の降る寒い日曜日の午後のことだった。松下さんに付き添っていた江口克彦《えぐちかつひこ》さんから突然、電話がかかって来た。

羽田空港にいるが、「今から相談役がお宅にお伺いしたいと言っています」と言うのだ。「僕のほうから行きます」と言ったのだが、松下さんは「自分が行く」と言って、私の家に来られた。そして、二時間ほどだったろうか、突っ込んだ話し合いをしたのである。

「政経塾を作ったが、政治家が育つのを待っていたら間に合わん。わしが生きているうちに、何とかせにゃならん。牛尾さん、民間人を中心とした政党を作る時が来ました。助力してほしい」

相談とは、新党結成の話であった。さすがに驚いたが、松下さんのことだから、きっと考えに考え抜いた末に決断したことにちがいない。

それで、私はこう申し上げた。

「新党を作らないと間に合わないという考えには賛成です。これまでにも無税国家論とか新国土創成論とか、いろんな提案をされてきましたが、政党を作るなら安全保障や外交政策をどうするかについても考え方を示さなければなりません。これまでやってきませんでしたから、それをまずやりましょう」

国論を二分する日米安保について反対なのか、賛成なのか。日米同盟を是《ぜ》とするのか否《ひ》とするのかといった問題へのアプローチがはっきりしていないと、ローカルな議論になってしまうというのが、私の主張であった。

私の意見を聞いて、松下さんは「そうでっか。とにかく決まったら頼んまっせ」と言って引き上げていかれた。

松下さんはただちに新党結成案を作成。一九八二年十一月二十七日、つまり松下さんの米寿、八十八歳の誕生日に松下新党の樹立宣言を行なうというスケジュールで準備が進められた。当日には全国紙に宣言を掲載するスペースも確保してあったが、結局、松下新党設立は延期になった。松下さんが体調を崩したからである。

しかし、体調を回復した松下さんは翌一九八三年、PHP総合研究所（後にPHP研究所に吸収合併）が運営する政策提言機構である「世界を考える京都座会」（以下、京都座会）を立ち上げた。

毎月第四日曜日に座長の松下さんを含めて十人余りの同志が集まり、日本の外交を中心とした政策について議論をしたのである。京都座会において、松下さんは政治を国家経営と考える議論をベースに置いた。

メンバーは資源エネルギー庁長官などを務めた通産官僚の天谷直弘《あまやなおひろ》さん、経済学者の飯田経夫《いいだつねお》さん、東京大学教授でシステム工学者の石井威望《いしいたけもち》さん、慶應義塾大学教授で経済学者の加藤寛《かとうひろし》さん、京都大学教授で国際政治学者の高坂正堯《こうさかまさたか》さん、立教大学教授で社会経済学者の斎藤精一郎《さいとうせいいちろう》さん、元通産官僚で作家の堺屋太一《さかいやたいち》さん、京都大学教授でフィールズ賞を受賞した数学者の広中平祐《ひろなかへいすけ》さん、イザヤ・ベンダサンの筆名で評論を書いていた山本七平《やまもとしちへい》さん、上智大学教授で作家の渡部昇一《わたなべしょういち》さん、それに私である。

分科会にも一流の研究者や第一線で活躍する官僚らが集められ、国家経営から外交・安全保障まで幅広いテーマで政策研究と提言が行なわれたのであった。

松下さんは新党の骨組みとなる国家構想をデザインするために、京都座会を設立したのだと思う。しかし、新党立ち上げの行動を起こす前に病に倒れ、一九八九年にこの世を去られたのであった。享年九十四である。

松下さんが亡くなった直後に東西冷戦が終結し、多くの国が大改革を断行した。ところが、日本はジャパン・アズ・ナンバーワンなどと煽《おだ》てられた余波もあり、微修正で乗り切れると高《たか》を括《くく》り、世界一の借金国家へと転《ころ》げ落ちてしまった。松下さんがあと十年ご存命だったら、そんな体《てい》たらくにはさせなかったという思いを禁じえない。

日本はこれから、それこそ血の出るような努力をしなければならない。尋常なことでは、日本の再建はできないだろう。このような状況を乗り切るために、今まさに政治の役割が求められているのである。

日本国内では経済的に厳しいために多くの企業が中国やアジア、欧米に進出していったが、国家経営の観点からは政府はそれを是とするのではなく、働く人が報われる社会を作らねばならない。そのためにも、企業が外国よりも国内で経営するほうを選ぶ国にしないといけない。

日本人には真面目な努力家が多いのだから、仕組みさえきちんと整《ととの》えれば、日本の危機は必ずや乗り越えられるはずである。

そのためにも、若い日本人のみなさんには、ぜひ松下さんの哲学を勉強してほしい。とくに国家経営という言葉に込めた意味が重要である。

経営とは、血の出るような改革なのだ。たとえ厳しい内容であっても、すみやかに断行せねばならない。そして、経営のあるべき姿は、無借金経営である。分不相応なことをつづけていたら、必ずや行き詰まる。

そこを突破するためには、死に物狂いになってイノベーションに取り組み、新たな価値を創出して飛躍するしかないのである。

七　託されたバトン

政経塾一期生の野田佳彦さんが総理大臣をしていたとき、松下さんが主張していた無税国家について、国会論議が行なわれたことがあった。ある代議士は、松下さんの名を出して野田総理を問いつめたことがあった。消費増税の是非を問うたのであったが、この代議士は松下さんの考えを誤解していたにちがいない。

無税国家論は、松下さんの持論である国家経営の極致ともいえる論説である。まず、国家の歳出を歳入を下回るように抑える。次に、予算の単年度制を廃止し、公務員が経営努力によって費用の節減に成功したならば、それを評価する仕組みを作る。

そうすれば、公務員は予算を使い切る悪弊を改め、歳出削減に努力するようになるはずだ。

こうして生み出された歳出の余剰を積み立てていけば、その積立金の金利収入で、やがて無税での国家経営も可能になるという理屈である。

無税国家という名前だけ聞くと、夢物語のように思われがちだが、その発想の根幹は「入《い》るを量《はか》りて、出《い》ずるを制す」という企業経営の基本中のキなのである。

日本はこれまで、国と地方を合わせて一千兆円を大きく超えるほどの無謀な借金を重ねてきてしまった。現在の歳出構造にも非常に問題があり、二〇一八年度予算で見ると税収が五十九兆円しかないのに、歳出は九十七兆円にも上っている。

これは、どう考えてもありえない事態である。政府がどんどん国債を発行して、そのほとんどを国内の金融機関が買っているという実態も同様で、いつか決定的に行き詰まるにちがいない。

今の国家財政が改善されないと、財務省の試算によるとこれから生まれてくる赤ちゃんは生まれたときから八八五万円を超える借金を負わされている計算になる。

松下さんは常に企業経営や日常生活に擬《なぞら》えて、政治について考える人であった。企業経営ではあれほど無借金経営を好んだことからすれば、今の国家財政の状況を知ったら何と言われたことか。

一方で、政府の社会保障給付費のうち七割近くが、高齢者関連になっている。あまりに老人に手厚く、若者に酷《こく》な予算配分だ。

しかし、一度政府からお金をもらった人は、減額されることには死に物狂いで抵抗するものである。しかも、少子高齢化の進展によって若者の人口比が減る一方、高齢者は選挙における投票率が高いので、多くの政治家は高齢者の機嫌を損《そこ》ねない政策に走るだろう。

つまり、日本の政治はタックスイーター・デモクラシー（税金食い民主主義）に陥ってしまっているのだ。このままでは国家経営が破綻するので、タックスペイヤー・デモクラシー（税金の払い手民主主義）に転換していかねばならない。

私は二〇一二年に公共に資する政治体制と開かれたシステムを目指して日本アカデメイアという塾を立ち上げた。アカデメイアとは、もとはギリシャの哲学者であるプラトンが作った学校のことだ。

東京大学の元総長で政治学者の佐々木《ささき》毅《たけし》さん、キッコーマンの茂木《もぎ》友三郎《ゆうざぶろう》さんら七人に共同塾頭になってもらっている。また、四十社ほどの経営者に参画していただき、経営者の意識を政治に注《つ》ぎ込んだり、企業の持つエネルギーや効率性を政治に導入したりするための研究や提言を行なっている。

これは松下さんの考えを私流に引き継いだ取り組みでもあり、この困難な時代に国家経営を進めるリーダーを育てていきたいと考えている。

八　人間・松下幸之助

松下幸之助は、虫の目と鳥の目を併《あわ》せ持った男であった。

虫の目とは、企業経営を進める上で、非常に小さな事《こと》どもを見つめる目である。一方、鳥の目とは企業全体のみならず、社会や国家全体を俯瞰《ふかん》する目のことだ。「大事《だいじ》は軽く、小事《しょうじ》は重く」と言われるが、経営者として成功する人には、虫の目と鳥の目を併せ持った人が多いように思う。

私も含めて経営者の多くは、ホンダ創業者の本田宗一郎《ほんだそういちろう》やソニー創業者の井深大《いぶかまさる》らは別格であり、自分たちはとても及ばない遠い人というイメージを持ってしまいがちである。ところが、松下幸之助は、私ですら手を伸ばせば届きそうな近い人、という感じがする。

その理由を論理的に説明するのは難しいが、たとえば井深さんが話すとカタカナになってしまう言葉が、松下さんが話すとひらがなになるような感覚である。今でも、日本の企業経営者の中で松下幸之助が圧倒的な人気を誇るのは、その理屈を超えた幅の広さにある。あまりにも広すぎて一言のキャッチフレーズでは収《おさ》まらないのである。日本国民一人ひとりが、それぞれの松下幸之助像を持っていて、ひとつとして同じものがないという感じがある。

六十歳ぐらいまでの松下さんはおそらくギラギラして、闘争的な面が強かったのではないかと推測している。しかし、七十歳ぐらいから後の松下さんは、人間としても円熟して素晴らしかったと思う。

PHP研究所社長などを務めた江口克彦《えぐちかつひこ》さんは「松下幸之助は一代にして二回脱皮した」と言っていたが、親しくおつきあいをした私から言わせると、松下さんには普通の人と違うところが二つあった。

ひとつは、器《うつわ》の大きさである。心の中に純粋な理想を持ちながらも、現実の戦略においては幅広いタイプの人たちを受け入れていった。私もそのひとりであったが、何かをやろうとするときにまったく正反対のことを言う人でも、役に立つと思う人は受け入れた。

自分は真東に向かおうと思っているのに、南南東から北北東まで、向かう方向が異なる人間たちをみな使うのだ。それらを全部総合すると、やはり真東の方向から五度程度しかずれていないことになる。しかも、幅広い人たちの力を結集することで、より大きな推進力を得るところが、松下さんの凄《すご》さであった。

南南東を目指す人たちは、松下さんも南南東に向かっていると思っている。北北東を目指す人たちも、松下さんは北北東に向かっていると思っているが、当の松下さんはいっこうに気にしない。要するに、西に向かいさえしなければいいわけだから。

二つ目は、こだわりである。いったん、何か物事をやろうと決めたら、その執念が細く、長く続くのだ。

普通の人は、最初は勢いに乗ってやれるけれども、体力も集中力も続かず、失速してしまうのが落ちである。ところが、松下さんはみなが忘れても、まだ執念深く追い続ける。たとえば、松下政経塾なども思いついてから十五年後の創設であった。

ある意味で生涯現役で、いつでも自分が成り代わって陣頭指揮を執《と》れる自信を持ち続けた人生だったように思う。松下グループの数十にのぼる会社のバランスシートが全部、頭の中に入っていて、「あいつがダメならあいつにやってもらう」「あいつを替えたら後がない。それなら、わしがやる」と言える人だった。

松下幸之助という人間を評するとき、私は「含羞《がんしゅう》の人」という表現を使ったことがある。含羞というのは恥ずかしさ、はにかみ、謙虚さといった性向が入り混じっているという意味である。

松下さんは最後まで、誰に対しても傲慢《ごうまん》になれなかった。そしてまた、最後まで、誰に対してもざっくばらんになれなかった。

しかし、よく考えてみると、人間は大なり小なり、そういう部分を備えている生き物ではないだろうか。人間はひとりで生まれてきて、ひとりで死ぬのである。

今の日本人は群れを成しすぎていないだろうか。松下さんはお気に入りの社員を引き連れて、飲み回ったりしなかった。群れを成したりしなかったのだ。含羞の人としてひっそりと、静かに、細々と道を歩んでいく。そういう姿が私は好きだったが、それは人間らしさの証明でもあったかもしれない。

松下さんが一時、お茶に凝《こ》ったことがある。茶器などの道具にもずいぶん凝ったが、そういうことがいかに虚《むな》しいかということもわかった上で、茶道に取り組んでいた。そうした虚しさを口に出すわけでもなく、かといってのめり込むわけでもない。もうひとりの松下幸之助がいて、離れたところから自分を見ていたというような飄然《ひょうぜん》としたところが痛快であった。

九　戦後企業経営の原点

松下幸之助という存在は、戦後日本の企業経営における原点であったと言ってよい。だから、これから企業経営に取り組む経営者にとっても、学ぶべきものが多いと思う。

市場経済というのは、品物を購入するために列を作って並ぶようなことでは成り立たない。そうではなく、消費者がいつでもどこでも自由に品物を選択できることが、前提となる。そのためにも、他にはない「いいもの」を製造販売する必要がある。

そしてその「いいものを安く」提供する必要があるが、安くというのは他社の犠牲や赤字を前提にした競争では虚しいだけである。そうは言っても、グローバリゼーションの進展に伴い、多くの製品がグローバル・プライスになっていく。そうした「より安く」の潮流を乗り越えるためには、ただ「いいもの」を作るのではなく「コストを超えたいいもの」を作るしかない。その結果、グローバル・プライスは「いいもの」と「安いもの」へと二極化していくことは免《まぬが》れない。

松下さんはオープンな市場を作ることを主張したが、そのためにも日本はグローバリゼーションの洗礼を受け、乗り越えなければならない。家電製品はかつてアメリカやヨーロッパに進出し、海外のグローバル・スタンダードの洗礼を受けることによって、成功を勝ち得ていった。

なかでも、松下電器がアメリカに作った工場には感心した。建物にお金をかけず、倉庫を買い取って使っている感じであった。無駄なものがまったくない点で、徹底していた。当初からグローバル・スタンダードに乗っていた松下幸之助の考え方は、まさに普遍的であったのだ。

松下さんは、組織や集団の機能性を大事にした。企業経営は、経営者の人間観が座標軸になる。「事《こと》を考える時には、ひとり広大な砂漠にいるという思いで考えることが大切なのです」と言われたが、松下幸之助の経営哲学はこれからも機会あるごとに見直されるはずである。

それとは別に、松下幸之助はきわめて魅力的な人間でもあった。その魅力とは、一言でいえば、庶民性である。学歴がない。体も弱い。親から何も相続していない。ゼロどころか、マイナスから会社を立ち上げ、世界企業にまで育てた創業者である。高学歴で、健康で、大企業の御曹司のように、誰が見ても成功するような人はいくら活躍しても当たり前に見えてしまう。しかし、松下幸之助の場合、マイナスからのスタートにもかかわらず成功したことで、庶民にとっては喝采《かっさい》の対象なのだ。

一九七一年のニクソンショック、一九七三年の第一次オイルショック、一九七九年の第二次オイルショックと続いた一九七〇年代は、松下さんが経営者として総合点で最も花が咲いた時期である。

一九八一年に対談したとき、私が「一ドル三六〇円が二〇〇円になり、石油が高くなる。どうしたらいいのでしょうか」と質問をしたら、松下さんは「そら、ええ質問や」と言って「十人でやっていることを五人でやり、コストを半分にする」「コストを一割下げるのは難しいけれども、四割下げるのは実はできるんや」と話した。つまり、発想の転換である。

さらに、私が「具体的にどうすればできるのですか」としつこく聞くと、松下さんは「それはやはりトップが挑戦して、まず自分が血を流さんとダメや。自分が血を出すとこをみなが見るとね、そりゃあ、従業員の半分は付いてきますよ」と答えた。

従業員全員が付いてくるとは言わない。半分は付いてくると。松下さんは「血を流すとこを見て、付いてきた半分と一緒にやっていく。経営とはそういうものや」と言いたかったのだろう。

小学校中退、丁稚《でっち》奉公を経て会社を作り、工場に寝泊まりして世界の松下電器を築いた人の言葉だけに、私は深い感銘を覚えたのである。そして、「なるほどなぁ。率《そっ》先垂範《せんすいはん》で見せることが説得力を持つのだ」と得心した。

アメリカに、選挙制度改革を成し遂げて、自らは落選して消えていった有名な下院議員がいた。選挙区の改革で、自分はこれをすると落選するけれども、それは小事にすぎない。たとえ自分が落選しても、選挙における公平性を保つという大事のために選挙制度を改革すべきだと、彼は主張したのであったが、まさに血を流すところを見せる率先垂範の好例であった。

同じように、松下幸之助のリーダーシップ論は、ディスクロージャー（情報公開）の率先垂範であった。

松下さんはさまざまな魅力を備えていたが、私が挙げておきたいのは「全身全霊みな自前」という点である。自分で見て体験したことをもとに、自分で考える。そして、自分で感じたことしか言わない。いわば、手作りの料理ばかりを振る舞うわけだ。

実は、私も自分の考えで生きてきた経営者のひとりであり、その点で松下さんと合《あい》通《つう》じるところがある。世の中に迷惑をかけないような社会的存在になるのはもちろんだが、それだけではなくて未来志向の考え方を持ち、みなで分かち合うことを目指す。そういう目標に向けて自分自身を磨《みが》き、自前の生き方を心がけてきた。

松下電器産業があれだけ巨大な組織になっても、手作りできる環境を支えたのは、おそらく松下さんの哲学を理解した数十人のサポーターたちだろう。逆に言えば、周囲の人材に恵まれていたとも言える。

それは、周囲に大事にされていたという意味ではない。たとえば、八十歳をすぎても、松下さんは自分で時間をかけて服を着たり脱いだりしていた。お付きの人にやってもらったりはしないのだ。店で買い物や食事をしたときも、自分でお金を払っておつりをもらう。最後までそういうことができたのは、周囲の人たちに松下さんに対する本当の愛情があったからにちがいない。

一〇 『21世紀の日本』を読み直す

松下さんは一九七六年にPHP総合研究所創設三十周年記念事業のひとつとして

『私の夢・日本の夢　21世紀の日本』（以下、『21世紀の日本』）という本を刊行している。これは、二一世紀に日本がこういう国になってほしいという理想的な日本の姿を、小説風に描いた作品である。

この本に描かれた「政治の生産性」や「日本政治生産性本部」という組織は、実に松下幸之助らしい発想だと、しみじみ思うのである。

戦後日本の高度成長を牽引《けんいん》したキーワードが、まさに生産性であった。一九五五年にアメリカ型経営に学ぶべく、日本生産性本部が作られた。以後十年間で、のべ五千人にもおよぶ経営者や経営学者らがアメリカに渡り、当時最先端の技術やノウハウを実地で学んだのであった。

この運動は、日本企業の経営のあり方を大きく変えていった。一言でいえば、ヒト・モノ・カネという経営の大原則に加えて、情報と時間という要素が重視されるようになったのである。各企業は合理化や効率化に取り組み、それが昨今のＩＴ技術の発展にもつながっていると思われる。

さらに、生産性を高める上で重要になってきているのが、労働生産性よりも全要素生産性を高めることである。全要素生産性とは、全体の産出量の変化率から、労働と資本の投入量の変化率を引いた数値のことだ。労働や資本などの生産要素だけでは測《はか》れない技術や研究開発など、創造性の部分を計測するためのものだ。

私は、この部分を伸ばすために、組織には四つの機能が必要になると考えている。

ひとつ目は、常に総合力を高めることだ。企業経営で成功しているところは大概、会社のあらゆる部門の総合力を結集し、時には外注先まで巻き込んで総合力を高めている。

二つ目は、変化に即応する力である。とくにグローバル化に伴う目まぐるしい変化に即応する力が求められている。

三つ目は、合理的な、効率の高い経営。これは生産性向上運動、機械化、TQC（全社的品質管理）などで、日本企業がこれまで高めてきた部分である。

四つ目は、信頼性だ。消費者だけでなく、従業員からも社会からも信頼されるような組織であることだ。

三と四については多くの日本企業が高めてきたことだが、問題は一と二である。これはトップマネジメントの領域の話であり、松下さんの経営が秀《ひい》でていたのはまさにこの部分であった。

総合力を発揮して変化に即応する力を持つには、優先順位を明確にする必要がある。部分効率ではなく、総合効率を最大の価値観にしなければならない。また、リードタイムも頭に入れねばならない。たとえば、工場を建設するのなら、市場動向なども読みつつ、五年後を見据えて今、着手するといった発想が求められる。

松下さんは、この点で実に際立《きわだ》っていた。松下政経塾を創設して数年後に、新党の立ち上げを真剣に検討したことなどは、その典型例であった。

生産性を高める上で、大問題となるのが高齢化である。人生を青年期、壮年期、老年期に分け、それぞれの時期で仕事を選択できる仕組みを模索することも必要ではないか。

もちろん、三期を通じて同じ職場で働く人がいてもかまわない。壮年期を機《き》にもう一度、学校で学び、専門技能を身につけて違う分野で働く人がいてもいい。保育士などは子育てや孫の世話をした経験豊富な老年期の人のほうが、かえって適しているのではないか。

このように多様な選択ができる社会を実現できれば、社会全体の生産性を高めることにもつながるであろう。

松下幸之助流経営を私なりに表現するならば、戦後日本の経済発展をもたらしたのは、日本人の現場主義・完璧主義・集団主義にあったと思う。

松下さんが松下電器の現場の課長に電話をかける場に居合わせ、そのやりとりを聞いたことがある。そのとき、松下さんはその課長に対し、「いま君の上司と話したから、もうじき指令が下るだろうけど、現場で責任を持つ君のことを思い浮かべてこの案を作ったのだから、しっかりしいや」と檄《げき》を飛ばしていた。おそらく、その課長は命がけで対応しようと努めたはずだ。これが現場主義であり、現場を知り尽くしたトップマネジメントのツボだと痛感したのであった。

ちなみに、松下さんは何か心の琴線《きんせん》に触れる発言をした社員については、すぐに名前をメモしておくのが常だった。そして、大きなプロジェクトを始めるときにはその社員に直接電話をして「いま役員に話をしたけど、やるのはあんたやで。しっかり頼むな」と激励したという。

三つ目の集団主義とは、美味しい食べ物があれば、ひとりで食べるのではなく、みんなで食べることに幸せを感じることで、これも日本人の特性である。

松下さんは気がかりなことがあると工場に泊まり込んだり、現場の人たちの知恵を結集したりして、自分の腑《ふ》に落ちるまで徹底的に追求した。あるいは、現場での経営判断を重んじる気風が根強くあり、現場主義・完璧主義・集団主義に根ざした力が存分に発揮されていた。

ところが、この三つの成功要因も大きく崩《くず》れてきた。日本が経済的に豊かになるのに伴い、自分のことを第一に考える風潮が広がり、まず集団主義が崩れた。かつての日本のメーカーは世界一を目指すのが当たり前で、少しでもそれに近づくべく死に物狂いの努力を惜《お》しまなかったが、そういう完璧主義も薄れてきた。さらに、三K（きつい、汚い、危険）という言葉に象徴されるように、現場主義も嫌われるようになった。

几帳面《きちょうめん》だったはずの組織力の減退、完璧を求める気質の喪失、時間厳守のルーズ化などによって、生産性が大きく損なわれているのが、日本企業の実情である。

日本の強さの根源が何だったのかを考え直すとともに、いま一度、社会の生産性を高めるために知恵を絞る必要がある。その意味でも、松下さんの『21世紀の日本』を読み直してみてはいかがだろうか。

一一　グローバル化にどう対応するか

『21世紀の日本』において、二〇一〇年の日本は国際世論調査で、世界で最も理想的な国の第一位にランクインされたことになっている。このように日本が生産性の高い政治を実現した理由として、松下さんは本書で日本人が同一民族で同質性が高いことを挙げている。

この点については、さすがに松下さんでも三十年後にここまでグローバル化が進展することを予見できなかったと言えるだろう。ＩＴの発達で世界中のどこからでも情報を得られるようになり、多様化がますます進む一方、日本人の同質性は低下してきた。

企業経営においても、グローバル展開のなかでいかに多様な存在をマネジメントするかが重要になり、同質性を前提とした企業経営という日本的マインドが逆に足枷《あしかせ》になってしまっている嫌いがある。

オープン化とは、開放と透明化である。日本をオープン化するためには、規制緩和を進めて制度や市場をより透明性の高いものにする必要がある。それと同時に、雇用などの閉鎖性も見直していくべきだろう。

ヨーロッパなどでは、国外も含めて雇用のあるところで働くことが普通になっている。日本も海外で働くことがもっと普通になるような環境にしていかねばならない。グローバル化に対する日本政府の対応が後手《ごて》に回ったため、日本企業が海外に出て行ってしまったのはある意味、仕方のないことだった。国内での生産投資が減少する一方で、海外への投資は増大してきた。

ということは、国内での勤務にこだわらなければ、海外の雇用先は山ほどあるはずだ。現地基準での採用だと給料は安いかもしれないが、その分、生活費も物価も安いだろう。日本の大学を卒業後、香港《ホンコン》や上海《シャンハイ》で就職するケースも出ているようだが、今後そのような流れは加速するだろう。

逆に、日本が企業や工場を国内に残したければ、排他性をなくし、グローバルに競争できる環境を整備するしかない。専門分野で外国人労働者を導入すれば、日本社会はより活性化するだろう。雇用における正社員と非正規社員との格差も見直さねばならない。

日本はこれから、グローバル化を進めていく必要がある。これまでは国民感情を計りながら国の方向性を決めてきたが、今後はグローバルな価値観を三分の一ぐらいは入れて行政も変えていくべきである。

もちろん、グローバル化といっても簡単ではない。たとえば、イスラムとカトリックは千年以上にわたって争ってきている。そういう世界史を展望すると、グローバル化をプラスの要素にしていけるのは日本だ、という思いが強まる。

日本の優秀な経営者と官僚が海外の変化をいち早く察知して、その成果を産学に積極的に投下していく。ＩＴ化やＡＩ化は今後も急ピッチで進むだろうが、日本の若い世代はスマートフォンを巧《たく》みに使いこなす素地があるので、その能力を存分に使って、グローバル化を見据《みす》えた改革を実行していってほしいと思っている。

松下幸之助から託されたもの

第九十五代内閣総理大臣　野田佳彦

一 経営の神様との出会い

面接室の扉を叩いて中に入ると、経営の神様と言われた松下幸之助は「どうぞ、こちらに」と言って、満面の笑《え》みで招き入れてくれた。ところが、席に座って相対《あいたい》すると、その相手を射抜《いぬ》くような鋭い眼光に、私は思わずたじろいだのである。

一九七九年秋、私は松下政経塾の入塾試験を受け、最終面接に臨《のぞ》んでいた。

松下さんは口元に笑みをたたえてはいたが、目は少しも笑っていない。私の腹を見抜いてやろうという目なのだ。こちらを向いている大きな耳にも驚かされた。相手の発言を一言も漏《も》らすまいと聞き取る耳であった。その目と耳に気圧《けお》され、「凄《すご》い人だ。恐れ多い人だ」というのが、私の第一印象である。

いろいろと聞かれた後、松下さんはこう質問した。

「君の家はお金持ちか？」

「いいえ、中の下ぐらいじゃないでしょうか」

「ええな」

「親戚とか係累に、政治家はいるか？」

「いいえ、ひとりもいません」

「なお、ええな」

松下さんの「ええな」という言葉の意味がわからず、「何がいいのだろう」と戸惑《とまど》っていると、最後に松下さんは「君、みんなと仲良くやれるか？」と、問いかけてきた。私は「やれます」と答えたが、「これは入塾を前提にした質問だな」と思った。

それまでは、松下さんに会って話ができただけで十分という気持ちが強かったので、「もしかすると合格かもしれない」と思った瞬間、逆に緊張が走った。こうして、約十五分間の面接は終わったのである。

この年、大学四年生だった私は、メディアへの就職を目指していた。政治学科の学生だったので、新聞社かテレビ局の政治部記者になり、ペンで政治を変えようという志《こころざし》を立てていた。田中角栄《たなかかくえい》首相の金脈問題をめぐって、立花隆《たちばなたかし》が月刊「文藝春秋」に書いたルポで政治を大きく動かしたのを、目《ま》の当たりにしたことも影響していたと思う。

就職状況は、悪くなかった。失業率は三%を下回り、景気はまずまずだった。幸運なことに、私は読売新聞とNHKから内定をもらっていたのである。

ところがある日、父親が「こんなのがあるぞ」と言って、新聞を持って来た。新聞に掲載された広告を見ると、松下政経塾が初めての塾生を募集するという。「政治を正さなければ、日本はよくならない」という世直しのメッセージが書かれてあり、「あの松下さんが、こんな新しいチャレンジをするんだ」と、感慨深く読んだ。興味をそそられた私は事務局に連絡を取り、パンフレットを取り寄せたのであった。

松下幸之助は、二十四歳のときに創業した松下電気器具製作所を世界のパナソニックにまで育て上げ、経営の神様と呼ばれた立志伝中の人物である。私たちの世代で、その名前を知らぬものはいなかったと思う。父親の書棚にも五百万部近いベストセラーとなった『道をひらく』など、松下さんの著書が何冊かあった。それを手にとってパラパラと捲《めく》ったことはあったが、その程度であった。

ところが、届いたパンフレットを見たとき、心が動いた。塾生がトラクターの脇《わき》に立ち、鍬《くわ》で大地を耕《たがや》しているイラストを見て、「ああ、面白そうだなあ」と胸が躍ったのである。まだ一期生の募集であるから、松下政経塾には何の実績もなかったが、そこが逆に魅力的であった。自分に何ができるか、わからなかった。しかし、鍬を担《かつ》いで自分で道を切り開いていく開拓者精神にロマンを感じて、応募することを決めた。

入塾試験は一次選考と二次選考で、筆記試験やディベート、弁論試験、体力テストなどが行なわれた。九〇七人が志願して、最終的に二十三人が合格したので、競争率が四十倍近い難関であった。

第三次選考で私を担当した面接官はウシオ電機社長で、本書の共同執筆者である牛尾治朗さんであった。最終選考は、塾長である松下さんとの面接試験である。そして、最後に松下さんの面接を受けている最中に「自分は選ばれるだろう」と感じたのは、すでに述べた通りである。

しばらくして、家に合格の電報が届いた。

試験中に出会った受験者たちは、とんでもなく個性的な人たちばかりだった。私はと言えば、興味本位で試験を受けたところもあり、最終面接を受けるまでは正直なところ、自分が合格するとは思ってもいなかった。しかし、自然体で面接に臨《のぞ》んだことが、逆によかったのかもしれない。また、松下さんとのやりとりからすると、私が金持ちの御曹司でも政治家の一族でもなかったことが幸いしたかもしれない、とも思うのである。

合格通知が来たとき、母親は「メディアに行ったほうがいい」と、私に助言した。しかし、熟考した末に、私は松下政経塾に入塾することを決断した。

私がメディアへの就職を蹴《け》ってまで松下政経塾に入ったことは意外だったようで、友人たちの反応は半々だった。「すごい決断だ」と好意的に受け止めた者が半分、「信じられない」と呆《あき》れていた者が半分いた。

早稲田大学政経学部から松下政経塾に入った一期生は私の他にもうひとりいて、驚いたことに学部のクラスメイトであった。つきあいもなく情報交換もしていなかったので、顔合わせの日に見知った顔を見て、「おまえもか」と声をかけたのを覚えている。

二　不安の中でのスタート

松下政経塾は、神奈川県茅《ち》ヶ崎《さき》市にある。敷地面積はおよそ六千坪もあり、民主主義発祥の地であるギリシャの建築を思わせる本館やホールが立ち並んでいる。

一九八〇年四月一日、松下政経塾の講堂で入塾式が行なわれた。

黒雲が空を覆《おお》い、波乱の幕開けを告げていた。塾生はもとより出席した親にも、不安を抱かせる空模様であった。

塾長として、松下さんが挨拶をした。政経塾に残っている記録を見ると、次のような力強い発言をしている。

「三年もたてば、一応の仕上げはできるでしょう。そうすれば、あとの二年間は街頭に出て辻説法をするとか、いろいろ社会の中で将来の準備をしていく。そして、五年間で、すべての点にわたって見識を養っていくわけです。たとえば、かりに卒塾して、すぐに文部大臣なら文部大臣をやれと言われても、それをやれるというぐらいの見識を養わなくてはいけないと思います。そして、それぐらいのことは十分にできるはずです」

(松下政経塾から提供された文章から抜粋)

ところが、声が小さくて聞こえないのだ。関西弁の上に細い声で、途切《とぎ》れ途切れに話すので、何をしゃべっているのか、さっぱりわからない。松下さんはこのとき、八十五歳であった。面接のときの元気な様子とはまったく異なり、体調がすぐれなかったようだ。

この挨拶を聞いて、不安が増幅された。入塾の時点で声も聞き取れないのでは、はたして教育になるのか。五年後に卒塾するときは九十歳であるが、卒塾まで持つだろうか。「エラいところに入ってしまったな」というのが、私の率直な感想だった。

この後、松下さんや理事たち、一期生と親、それに多数のメディアの人たちも参加して交流会が行なわれた。しかし、松下さんの健康にも天候にも暗雲垂《た》れ込め、政経塾は不安のなかでのスタートとなった。

松下政経塾は、何もない塾であった。カリキュラムもプログラムもなく、専任教授もいない。何を教えるかすら、決まっていない。

カリキュラムすらないことを知ったとき、私は驚愕《きょうがく》した。要するに、教育内容について、塾側では何も用意しなかったということではないか。あれだけ大きく宣伝して塾生を募集したにもかかわらず、いったいどういうことかと訝《いぶか》った。

それが松下さんの固い決意に基づく塾の方針であったことは、入塾した後にわかった。カリキュラムを作らなかった理由について、松下さんは「君らは大学まで出て、私より知識があるだろう。政治や経済を学問として学んできただろう。それを生かすための知恵をどう身につければいいか、そのために何をしたらいいか、自分たちで考

え ろ」という趣旨のことを述べた。その理由を聞いて、私は「面白い」と膝《ひざ》を打ったのである。

それまで小学校から大学まで、私たちはずっと受身の教育を受けてきたが、このとき初めて自分で学ぶ内容を選択することになった。そして、カリキュラムを自分たちで作るところから、政経塾での活動がスタートしたのであった。

三　カリキュラムを自分たちで作る

カリキュラムをどうするか、同期生二十三人で議論した。弁の立つ者ばかりで侃々《かんかん》諤々《がくがく》の大議論になり、なかなか決まらない。私は沈黙を守っていたが、議論が本筋を逸脱《いつだつ》しそうになると一言、釘《くぎ》を刺した。

ようやく決まったカリキュラムを修正しながら、手探りで塾のプログラムを進めていくことになった。毎年のように内容が変わってきたが、朝早く起床してラジオ体操をした後、掃除やランニングをするのは、当時も今も変わらぬ政経塾の日課である。

掃除は、建物の内外を二十三人で手分けしてやったが、敷地が広いので大変な作業だった。夏場は朝から汗びっしょりになって、清掃に精を出した。ランニングは、近くの湘南海岸を走った。夏だと海水浴場でアベックがいちゃついているのを横目に「なんでオレはこんなことをやっているのだろう」と思いつつ、走っていた。

朝八時半から朝礼があり、午前九時から研修が始まった。講師を呼んで講話を受けるオーソドックスな講義をはじめ、剣道や茶道などを学ぶ時間も設けた。剣道は神奈川県警から有段者を招いて、教えを受けた。

また、松下電器の工場での研修や町の電器店での販売実習をしたほか、鎌倉・円覚《えんがく》寺《じ》での坐禅研修や岩手県田野畑《たのはた》村でのサバイバル訓練、雨天の中での五十キロ行軍なども実施した。サバイバル訓練というのは、雪が降る真冬に少々の食糧とシュラフを持たされ、丸一日間にわたって耐え抜くという荒っぽいものだった。

研修の中で一番記憶に残っているのは、やはり塾長である松下さんの講話であった。政経塾の円卓室が会場で、松下さんを囲むような形で、ご尊顔を拝しながら話を聞くのである。

松下さんが一時間ほど講話をした後、質疑応答に移るのが常だった。松下さんの本を事前に読んでおき、いろいろな質問に答えてもらった。このときは入塾式のときとは違って声もよく聞こえ、話す内容をきちんと理解できた。わかりにくい関西弁については、同行していた秘書の六笠正弘《むかさまさひろ》さんが通訳してくれた。

松下さんはその後、病《やまい》に倒れ、塾生たちに直接、講話をすることが少なくなっていった。その意味では、松下電器の社員も含めて、私たちの世代がおそらく松下さんの謦咳《けいがい》に接した最後の世代になったと思う。松下さんの思想は著書を読めばわかるが、喜怒哀楽《きどあいらく》を見せながら話す生身の松下さんと直接やりとりすることができたのは、非常に幸運であった。

席順はアイウエオ順だったので、同期で後に自民党の衆議院議員になる逢沢一郎《あいさわいちろう》をはじめ、ア行ぐらいまでの塾生については、松下さんは名前を覚えていて、よく声をかけられていた。しかし、なかなかノまでは来なかった。

松下政経塾には、立派な寮が併設されていた。大学時代は千葉県船橋市の実家から大学に通っていたが、入塾と同時に政経塾の寮に入った。仲間たちと集団生活をするのは、生まれて初めての経験である。

同期生二十三人は全国各地から集まっていて、いろいろなタイプがいたが、獣《けもの》のようにうるさい者が多かった。大学を卒業して政経塾に入塾した者が半数ぐらいで、会社を辞めて来た者や海外留学を終えて帰国した者もいた。

一期生であったから先輩がいない。自分たちが先駆者であるという責任の重さを感じる一方、上からとやかく言われない気楽さもあった。一年経《た》って後輩たちが入って来ると、彼らが私たちをどう見ているかを気にしながら、先輩として指導力を発揮しなければならない場面も出てきた。

お互いに膝突き合わせて天下国家を語る時間も多かったが、「五年間もここにいて大丈夫なのか」「五年経ってどうなるのだろう」などといった将来の不安についてボソボソと話すこともあった。

今の政経塾生は毎月二十万円を支給され、プロジェクトを提案して企画が通れば、年額百万円から百五十万円のプロジェクト費用を支給されるが、私たちのころにはそういう資金的なサポート体制はまだ整っていなかった。

一期生は月に十万円を給付されたが、そのなかから寮費や食費を差し引かれたため、わずかなお金が手元に残るだけで、そのお金も本代などに消えていった。生活はギリギリで、「生かさず殺さずの路線だな」と思っていた。五年間いて卒塾したときには二十万円余りの赤字で、同期生からお金を借りていたというのが実態である。

四　終業式前夜の喝《かつ》

政経塾一年目も後半になると、塾生に疲れの色が見え始めた。

研修を受けては課題のレポートを書くハードな毎日で睡眠時間も満足に取れなかった上に、松下電器での工場研修や販売実習などが重なってヘトヘトになっていたのだ。そんな私たちのだらしない姿を見て、外部から来た講師が松下さんに「塾生たちは覇気がない」と伝えた。

そのせいか、松下さんは「塾生たちにやる気があるのか」という疑問を抱き始めたようで、しだいに機嫌が悪くなってきた。

入塾から一年が経とうとする一九八一年三月、終業式の前日のことであった。

一年を締めくくる松下さんの講話は「心眼《しんがん》が開かれていない」「一年間の研修は無《む》に等しかったのではなかったか」などと辛辣《しんらつ》な内容であった。

さらに、松下さんは塾生の質問に対して「君らにいろいろ言っても、猫に小判だな」と言い放った。猫に小判というのはシニカルで、きつい言い方である。「自分は渾身の力を込めて、いろいろと用意して話してきたのに、君らにはまったく伝わっていないのか」「これでは政経塾を閉じても仕方がない」という趣旨の発言であった。

私はその言葉を聞いて「期待に応《こた》えられてないんだ」と悔《くや》しさがこみ上げ、ただただ泣きたい気持ちだった。まだ二十三歳前後の小僧だから、経営の神様に叱《しか》られて意気消沈し、ションボリである。

その後、しだいにわかってくるのだが、松下さんが政経塾に期《き》した目標は予想以上に高かった。卒塾したら、ただちに大臣に就任して日本の国家経営を立て直すというぐらいの即戦力が期待されていたのだ。今のペースではとても目標に到達できないと、松下さんは考えたのではないだろうか。

翌日の終業式では、私が塾生を代表して一年間お世話になった謝辞を述べることになっていた。なぜ私が指名されたのかはわからないが、松下さんに「猫に小判」と痛烈な批判を受けた翌日の謝辞で何を言ったらいいのか。それこそ、凄《すさ》まじいプレッシャーがかかってきた。

私は一睡《いっすい》もせずに内容を考え、深い反省を込めて渾身の力で決意を述べた。以下が、そのスピーチの一部抜粋である。

「われわれが選んだ道というのは、本当に果てしなく遠い、本当に険《けわ》しい道だということを痛感いたしております。この道を前にして、われわれが逡巡し退《しりぞ》くか、あるいはさらに勇気を持って前進していくか。ここにわれわれの運命がかかっていると思います。

二年目こそがわれわれの正念場ではなかろうかと、勝負の年ではなかろうかと思うわけです。われわれ塾生二十三名は一致団結して、この道よりわれわれの道は他にないと、われらこの道を行くと、そういう気概を持って、二年目の研修に力強く進んでいきたいと思います」

（松下政経塾から提供されたビデオより抜粋）

松下さんは険しい表情で、私を見つめていた。しかし、謝辞が終わると笑顔で「握手しよ」と言って右手を差し出した。そして、私と握手を交《か》わすと「ありがとう」と声をかけてくれたのである。

「なかなか感心やな。意外だ、ぼくは。満足だ。……みんなやな。みんな、ありがとな。……君ひとりじゃない。あなたひとりじゃない。わかったか、よし」

今から考えると、松下さんならではの人心掌握術だったのかもしれない。「ああ、これでもうしばらく政経塾はつづきそうだ」と私は、ホッと胸をなでおろしたのであった。

松下さんに叱られたとき、それにどう応えるか。それが私たちの正念場であり、最も人間を鍛えられた大事な経験だった。

私は演説の名手といわれることがあるが、本来しゃべるのはあまり好きでない。二十九歳のとき、初めて国鉄（今のＪＲ）津田沼駅頭に立って街頭演説を始めたが、あれも意を決してやったことだ。

大学時代も、シャイな学生であった。早稲田大学には雄弁会という政治家志望の学生が集《つど》うサークルがあったが、雄弁会に所属している学生たちは、言わば対極の存在だった。しゃべりが得意でなかった私は、ペンで政治を変えたいと考えて記者を志したのであった。

だから、「自分が政治家になるなんてとうてい無理だ」「自分は政治家に向いていない」と思い込んでいた。そんなわけで、五年間にわたって政経塾に身を預けたら、少しは自分が変わるのではないかという淡い期待を持って入塾したのである。子どものころに苦い体験をしているのだ。

実は、私がしゃべるのが嫌いになったのには理由がある。

小学校六年生のとき、クラスの候補に選ばれて生徒会長の選挙に出たことがある。本人の意志というよりは、無理やり出させられたという感じが強かった。選挙に向けて立会演説会が開かれ、全校児童の前で「生徒会長になったら何をするか」をテーマに演説させられたのだが、これがトラウマになった。

トップバッターで演説したA君がいきなり出だしで「私が当選した暁《あかつき》には」と演説を切り出した。

それを聞いて、私は「アカツキって何だろう。聞いたこともない言葉だな」と思ったのだ。おそらく父親か母親から知恵を借りて、演説原稿を練り上げたのだろう。まるで政治家の演説のような見事な内容だった。

二番手で演説したB君は、今で言えばジャニーズ系のイケメンだった。女子の人気が圧倒的に高く、女子票をかっさらったと思われる。

最後に登壇したのが、私だった。

もともとやる気がなかった上に、親にも助言をもらわず、自分なりに考えた演説だったので、稚拙《ちせつ》な内容になっていた。それにもましてマズかったのは、プレッシャーを強く意識してしまったことだ。

ちょうど変声期だったにもかかわらず、プレッシャーをはねのけようと無理して大声を張り上げた。このため、声が上ずってスットンキョウな声になってしまったのだ。その声を聞いて全校児童が爆笑した。壇上から、自分の弟まで笑っているのが見えた。

選挙の結果、A君がトップで当選した。B君が二位で、私は惨敗した。政治家になってからは選挙にずいぶん勝たせてもらったが、私のキャリアは小学校時の生徒会長選挙の惨敗から始まったのである。

このとき以来、私は「自分が人前でしゃべることなどありえない」「自分は話すことに向いていない」と思い込み、中学・高校・大学と生徒会などの活動とはまったく無縁で過ごした。

政経塾に入る際には弁論試験があったが、そのときはひと晩徹夜をして原稿を必死に丸暗記し、一言も変えずに無表情で暗唱した記憶がある。書くのは好きだったので、原稿を書くこと自体は苦にならなかった。入塾後、三分間スピーチなど、しゃべる機会がたくさんあったが、前日に徹夜して必死に原稿を覚えて話すのが常であった。だから、NHKの記者になっていたら、しゃべりが苦手であまりいい記者にはなっていなかったかもしれないと、つくづく思うのである。

政経塾にいた五年間には人前でプレゼンする機会が多く、松下さんや講師陣、うるさい塾生らに辛辣な批評を受ける中でビシビシと鍛えられた。その結果、私は子ども時代のトラウマを克服し、しゃべる力を身につけたのである。

五　それもまたよし　ホトトギス

松下さんは政経塾を立ち上げるに当たり、塾是、塾訓、五誓などを定めている。

◆塾是　真に国家と国民を愛し

新しい人間観に基づく政治・経営の理念を探求し

人類の繁栄幸福と世界の平和に貢献しよう

◆塾訓　素直な心で衆智を集め自修自得で事の本質を究め

日に新たな生成発展の道を求めよう

（松下政経塾「入塾のしおり」より）

◆五誓　素志《そし》貫徹の事

常に志を抱きつつ懸命に為《な》すべきを為すならば、いかなる困難に出会うとも道は必ず開けてくる。成功の要諦は、成功するまで続けるところにある。

自主自立の事

他を頼り人をあてにしていては事は進まない。自らの力で、自らの足で歩いてこそ他の共鳴も得られ、知恵も力も集まって良き成果がもたらされる。

万事研修の事

見るもの聞くことすべてに学び、一切の体験を研修と受けとめて勤しむところに真の向上がある。心して見れば、万物ことごとく我が師となる。

先駆開拓の事

既成にとらわれず、たえず創造し開拓していく姿に、日本と世界の未来がある。時代に先がけて進む者こそ、新たな歴史の扉を開くものである。

感謝協力の事

いかなる人材が集うとも、和がなければ成果は得られない。常に感謝の心を抱いて互いに協力しあってこそ、信頼が培《つちか》われ、真の発展も生まれてくる。

（松下幸之助著『リーダーを志す君へ』より）

どれも素晴らしいと思うが、この中で私が最も気に入り、今も愛唱しているのが、素志貫徹という言葉である。この言葉の意味は、要するに諦めない心を持つということだ。「ねちっこく、物事を諦めない心を持て」というのが、松下さんの人生哲学の真髄《しんずい》ではないかと思っている。

政経塾がスタートして、二年目のことだった。

松下さんが一期生と二期生を相手に、円卓室でリーダー論をテーマにした講話をした後、ひとりの塾生が質問をした。

このときに引き合いに出したのが、戦国時代を代表する三人の武将の性格を、鳴かないホトトギスの扱いで表わした有名な三つの句である。織田信長は「鳴かずんば殺してしまえ　ホトトギス」、豊臣秀吉は「鳴かずんば　鳴かせてみよう　ホトトギス」、そして徳川家康は「鳴かずんば　鳴くまで待とう　ホトトギス」である。

これについて「塾長だったら、どれを選びますか。もしどれも違うのなら、どういう考えですか」という趣旨の質問だった。つまり、天下人たちの句を題材にして、松下さんのリーダー像を問うたのである。

そうしたら、驚いたことに即答であった。普通の経営者であれば「家康がいい」とか「秀吉がいい」とか持論を説くだろうが、松下さんは間髪《かんはつ》を容《い》れずに「鳴かずんばそれもまたよし　ホトトギス」と独自の句を披露したのである。

その句を聞いて鳥肌が立つと同時に、「松下さんがふだんから考えてきていることだったのだ」と得心《とくしん》した。そして、「それもまたよし」という名答に感服したのである。

瞬間湯沸《わ》かし器のように、松下さんが激怒したこともあった。

松下さんの講話の後、ひとりの塾生が「選挙に出るにはやはり地盤、看板、カバンが必要ではないか」と主張したことがある。そのためにも、まず政治家の秘書になって地盤を引き継ぐとか、お金を貯《た》めてカバンを作るとかやっていかないと、なかなか政治家にはなれないのではないかと、持論を述べたのである。

このとき、松下さんはそれこそ青筋を立てて激怒し、「そんなことを言っているから、これまでと同じ政治になってしまうんだ」と反論した。「地盤、看板、カバンは必要かもしれないけれども、それは政治活動をしながら作っていくものだろう。それがなければ政治家になれないなんて言っているようなヤツはいらない」といった趣旨の発言をした。

松下さんの主張は「選挙スタイルも自分流のイノベーションを考えろ」というものであったと、私は理解している。

六　夫婦円満のコツ

私たち一期生が一年目のころ、松下さんは泊まりがけで講話に来て、茶室に泊まった。私たち塾生は交代で食事を運んだり朝刊を届けたり、松下さんの身の回りの世話をしていた。

松下さんは早起きで、朝起きると体を動かしていた。何をやっているのかとよく見ると、ラジオ体操モドキの動きであった。松下さんは病弱であったため、健康には人一倍、気をつけていたにちがいない。

松下さんが入浴するときに、背中を流したこともある。相手は経営の神様だから、ものすごく緊張したが、そんな最中にたまたま夫婦円満のコツを聞いた記憶がある。まだ独身だったので「将来、結婚したとき、夫婦が円満に過ごす秘訣があったら、ぜひ教えてください」と言うと、松下さんは満面の笑みを浮かべ、「それは誉め合うことやな。もう、ただそれだけや」とポロッと話した。

松下さんはひとつ下の妻むめのさんとダイヤモンド婚、つまり七十年もの間、仲睦《むつ》まじく連れ添っている。創業のころは、むめのさんと義理の弟で後に三洋電機を創業した井植歳男《いうえとしお》さんと三人で働いていた。

それ以来、むめのさんは松下さんが苦労しながら社業を発展させるのを、ずっと傍《かたわ》らで支えてきた。そのむめのさんから「今度売り出した商品はいいわねえ」とか「遅くまで頑張って、ご苦労さま」とか誉められるのが、松下さんにとって格別の喜びだったと言うのだ。

「豚もおだてりゃ木に上る」というが、経営の神様も妻に誉められて天に昇る気持ちで仕事に打ち込んだという話を聞いて、「へえ〜、そうなのか」とやたらに感心したのを覚えている。

草創期の二年ほど、松下さんは月に一〜二回の頻度で政経塾にやって来て、講話をしてくれたが、しだいに体調がすぐれなくなっていった。松下記念病院に入院してからも、たまに病院から来塾したが、頻度は激減することになった。後輩たちは、限られた時間の中で指導してもらうことになったのである。

直接お会いしてやりとりする機会が減ると、やはり関係性が薄れていく感じが否《いな》めなかった。松下さんとある程度の濃密な関係を持てたのは、おそらく五期生ぐらいまでにちがいない。八期生で外務大臣や国土交通大臣などを務めた前原誠司《まえはらせいじ》や外務大臣を務めた玄葉光一郎《げんばこういちろう》は、入院中の松下さんと一回会えたのみだったと聞いている。

七　卒塾後の苦闘

毎週末は自主研修と言って、自分で決めたプランにしたがって研修をするのだが、私は地元である千葉県船橋市で活動を始めた。

軽トラックを運転してガス漏《も》れ点検をしながら市内をくまなく回り、市民と意見交換をした。そうやって見聞きしたことや考えたことを手作りの新聞にまとめ、毎月三千部ずつ配って歩いたのである。また、船橋教育フォーラムで講演し、それをもとに政経塾が出版した『21世紀・日本への提言』に「路地裏から教育を考える～見た、聞いた、歩いた」を執筆している。

そうした活動を知って、私が揺るがぬ気持ちで五年間を過ごしたと思っている人も多いが、実態は違った。もちろん確信を持とうと思って日々、修行したのだが、「こんなことでいいのか」「これからどうするのか」などと自問自答することも多かった。

心の葛藤《かっとう》が深まるに連れ、「やっぱり読売新聞に行っていりゃよかったな」とか「NHKに行っていたら何やっていたかな」とか考えることは多々あった。というのも、メディアや商社、銀行や官庁などに就職した友人たちが、バリバリ働いている情報が伝わってきたからだ。

私が政経塾で苦闘している五年の間に、結婚する者や子どもを授《さず》かる者も出てきた。彼らと比べて我が身を省《かえり》みたとき、「オレはいったい何やってんのかな」と途方《とほう》に暮れることもあった。「あいつは年収がいくらだ」などと聞くと、「オレはこんなことで大丈夫なのか」と不安が募《つの》った。

こうして五年間におよぶ研修が終わり、一九八五年三月に私たち一期生は卒塾した。といっても、卒塾試験はなかったので、五年間在塾すれば卒塾できたのである。同期二十三人のうち四人が中途で退塾し、卒塾したのは十九人であった。

政経塾は大学と違って、塾生に成績がつけられるわけではない。一期生だけは入塾した際に評価した筆記試験や面接試験の点数が付けられたようなので、「絶対に明かさないでくれ」と塾幹部には進言しているところだ。

また、政経塾を卒塾したからといって、何か資格が得られるわけでもない。弁護士や公認会計士になれるのとは訳が違う。一期生募集のころは世間の脚光を浴びたが、五年も経つと大方の人たちが存在すら忘れてしまっていて、「松下政経塾出身です」と言うと「どこの学習塾?」とか「松下電器の研修機関ですか?」というような反応が返って来た。

卒塾後、私は地元の船橋に戻り、アルバイトをしながら千葉県議会議員選挙に出馬する準備を進めた。

塾生だった間は「これからどうなるのだろう」という不安でいっぱいだったが、卒塾して社会に出たころには「どっこい、何をやっても生きていけるぞ」という漠《ばく》たる自信が芽生《めば》えていた。つまり、腹を括《くく》ったというか、政治を目指す志が固まったのである。

地盤、看板、カバンいずれも無かったが地道に政治活動を続けた結果、一九八七年四月の県議会議員選挙で初当選。県議を二期務めた後、一九九三年の総選挙で日本新党から千葉一区に立候補してトップで初当選し、国会議員となった。

しかし、小選挙区制導入後初めての選挙となった一九九六年の総選挙では、新進党から千葉四区に立候補して、わずか百五票差の次点で落選した。自慢にもならないが惜敗率九十九・八六％は全国一である。

こうして三年八カ月にわたって浪人生活を続けることになったが、この間に政経塾OBの山田宏《やまだひろし》（後に杉並区長を経て参議院議員）や中田宏《なかたひろし》（後の横浜市長）らと志士の会を結成し、作り上げたプランが「日本プライド構想」である。税財政改革や行政改革、社会保障改革、教育改革など日本を救う十一の政策を提言した。作ったはいいものの、国会議員でないので実現する手立てがなく、悔《くや》しい思いをしたのを覚えている。

その後、旧民主党に入党して再チャレンジし、二〇〇〇年六月の総選挙で国会議員に返り咲いた。その前年に選挙に向けて作ったのが「新・船中八策」で、日本プライド構想を私なりにアレンジしたものだ。坂本龍馬の船中八策から名前を取ったが、船橋からの政策という意味を込めていた。

二〇〇九年五月の総選挙で旧民主党が大勝して政権を奪取し、私は鳩山由紀夫《はとやまゆきお》内閣の財務副大臣に就任した。続いて、菅直人《かんなおと》内閣で財務大臣になり、二〇一一年八月、第九十五代内閣総理大臣に就任したのである。

このときは「ついに政経塾第一号の総理大臣になってしまったな」という不思議な感慨があった。それと同時に、天上人となっていた松下さんはもとより、政経塾の仲間や後輩たち、松下電器の関係者たちの期待に応えていくのは大変だと、相当なプレッシャーがかかってきた。

そもそも政経塾に入ったことが、不思議であった。運と愛嬌で選ばれたと聞いているが、私自身は強運とも愛嬌があるとも思えない。快活で煌《きら》びやかな同期生たちから比べると、どう見ても地味である。入塾してからも葛藤の中で過ごしたが、卒塾後やはり一度は勝負せざるをえないと意を決して県議選に挑《いど》み、政治家の道を歩んできた。

そして無我夢中で過ごすうちに、気づいたら総理の座が回って来たというわけだ。

次々と役割を与えられてきたのは、まさに天命としか言い様がなかった。

私なりに誠心誠意、逃げない、ぶれない政治を心がけたが、天国で松下さんに再会したとき、どう評価されるのか。「おまえ、何やってたんや」とまた叱られるかもしれないが、それこそ天のみぞ知るところである。

八　新日本創成論

松下さんが提案した構想のひとつに、新国土創成論がある。

日本の最大のボトルネックは、国土面積が狭いことである。やはり国土が狭いと、大規模農業を展開するにも限界がある。農業以外でも、住環境などでさまざまな制約を受ける。だから、山を削って海を埋め立て、国土面積を広げていこうというのが新国土創成論である。もちろん、環境には十分な配慮をした上で、百年あるいは二百年の計画で推進する構想であった。

たしかに構想としてはユニークだが、環境を重視する時代になってくると、日本の山や海を大切にしようという世論も強く、なかなか実現が難しい。そこで、そのボトルネックをどうやって克服するかということで、私たちが考えたのが新日本創成論だ。海洋や宇宙空間というフロンティアに注目するもので、松下さんの新国土創成論の発展型と言える。

このフロンティア国家の構想は、私が座長を務める政経塾の研究プロジェクトを立ち上げ、政経塾出身の超党派の国会議員や塾生、OBらが加わって作り上げた。松下さんに一歩でも近づこうとみんなで知恵を絞り、捻《ひね》り出したアイデアであった。

日本の国土面積は世界の二百近い国々のなかで六十一番目で、それほど狭いわけではないが広くもない。しかし、名前も付いていない遠方の離島も含めると、日本周辺にはおよそ六千八百もの島々がある。それらの島をベースにして領土・領海や排他的経済水域が定まっているので、日本の管理できる海は広大な範囲に及んでいる。

管理できる海の面積は世界で六番目だから、一気に上位に進出する。しかも、海は面積で測れない。深さがあるので体積が重要になる。管理できる海の体積で言うと、日本は世界で三番目になる。周囲の海が深いからである。これは、日本が巨大なフロンティアを抱えていることを意味する。

そこにはメタンハイドレートをはじめ、レアメタルやレアアースなどの希少資源が、眠っているのである。だから、周辺国の船が関心を持って徘徊し、海上保安庁の監視船とトラブルが起きているわけだ。

このように六千八百の島々を重視して周辺の海を開発していくことが、日本にとってとても大事だということになる。

尖閣《せんかく》諸島など四十ほどの島々に魚釣島《うおつりじま》などの名前を付けたのは、私たちの政権であった。私が財務副大臣をしていたころから、名もない島に名前を付けただけでなく、沖《おき》ノ鳥《とり》島など水没しそうな島を島らしくするための整備費として、七億円ほどの予算を付けた。中国はもっと大胆に島の整備を進めているが、日本もそれなりの島の整備をしたのである。尖閣の国有化も、その政策の一環であった。

島をきちんと管理すれば、そこからまた領海や排他的経済水域が広がるため、そういうことで努力を積み重ねていたのであった。

もうひとつのフロンティアが、宇宙空間である。

日本はロケットや衛星を飛ばす技術力を持っている。鹿児島県の種子島《たねがしま》にロケットを打ち上げる発射場を持ち、フルに三百六十五日ではないにしても使うことができる。また、国際協力の枠組みで宇宙飛行士も多数育ってきている。これだけの資源を持つ国はそうはなく、世界でも五指に入る宇宙先進国と言っていい。

せっかくこれだけの資源を持っているのに、法律の整備や予算配分が遅れているために、宇宙先進国としての環境を維持できるかどうかが危《あや》うくなっていた。

宇宙から地球を見る地球観測衛星の技術などは、日本の得意分野である。地球の息づかいを観測できる国になれば、人類への貢献が大きいだけでなく、ビジネスチャンスも出てくる。だから、私は宇宙にもっと目を向け、力を注《そそ》いでいこうという提言をしてきた。

そのために、宇宙基本法という法律を作り、宇宙の利活用をもっと進められるようにしたのである。二〇〇七年に旧民主党の科学技術政策の責任者になったのを機にプランを作成し、超党派の議員立法で法律を制定した。

宇宙であれば賛成する人が多いかというと、そうでもない。宇宙を軍拡競争の舞台にするのかと警戒心を持つ議員もいて、話をまとめるのはなかなか容易ではなかった。

海については、前原誠司を中心に松下さんの弟子たちが結集し、海洋基本法を制定している。別に連携したわけではなく、たまたまであったが、お互いに新日本創成的な夢を持ったのだと思っている。

九　人類の叡智を活《い》かせ

私が総理大臣をしていた二〇一二年、国家戦略会議の下にフロンティア分科会を立ち上げた。これは二〇五〇年の日本のあるべき姿を検討するための有識者会議で、東京大学の大西隆《おおにしたかし》教授が座長を務めた。

フロンティア分科会には、四つの部会が設けられた。それが「叡智のフロンティア部会」「繁栄のフロンティア部会」「幸福のフロンティア部会」「平和のフロンティア部会」である。このうち繁栄、幸福、平和というのは、松下さんが戦後すぐに考えたPHP（＝Peace and Happiness through Prosperity――繁栄によって平和と幸福を）という発想をひとつのベースとしたものだが、それを深掘りした構想にしたいと考えた。別に松下さんの哲学にこだわったわけではなく、これらが普遍的な価値であり、日本が目指すべき価値だと思ったのでこれらの名前を付けたまでである。

もうひとつのベースは、大平正芳首相の長期構想である。大平さんはいろいろな分野の有識者を集めて、田園都市構想などの国家ビジョンを作ろうとした。国家ビジョンというのは国家百年の大計のことで、私もぜひやりたかった。だから、松下幸之助プラス大平正芳のイメージで、新たな国家ビジョンを作ろうとしたのであった。

大平さんは「赤字国債の発行は痛恨の極みだ」と述べて、国債の発行にブレーキをかけていた。穏健な保守政治家として、傑出したリーダーだったと思う。

ちなみに、叡智というのは私の発想であった。多くの人の声を聞いて知恵を絞っていくのが衆智であり、松下さんは衆智という言葉をよく使った。私はそれに止《とど》まらず、人類が培ってきた叡智をもう一度、見つめ直してみたほうがいいと考えたのである。

人類には土を耕して種を撒《ま》き、収穫の時を待つという叡智があった。ところが、今や収穫の時を待たずに何でも使ってしまおうとする。だから、環境が破壊され、財政もおかしくなってしまうのである。あるいは、数多くの戦争を経験する中で、平和的に紛争を解決するという叡智を人類は培ってきたはずだったが、それも忘れられようとしている。

そういう人類の叡智をもう一度、見つめ直していこうという意味を込めて、叡智のフロンティア部会に国家ビジョンのとりまとめを託《たく》したのであった。政経塾時代、毎朝「人類の繁栄幸福と世界の平和に貢献しよう」などと唱和していたので、人類という発想がいつの間にか身についてしまったのかもしれない。

宇宙基本法や海洋基本法にしても、もちろん国益ベースの法律ではあるが、宇宙空間や海洋というフロンティアで発見されることは、やはり人類のためになるはずだ。だから、国家というイメージに止まることなく、人類という大きな枠組みを意識しながら物事を考えたのは確かである。

そういう意識の大切さを痛感した機会として忘れられないのが、東日本大震災の経験であった。世界百六十カ国以上の国々や四十前後の国際機関から、さまざまな支援の手が差し伸べられた。あの経験から、私は「世界はつながっている」という実感を強く持つようになった。

こうして有識者らのブレーンを集めた会議で出てきたアイデアが「共創の国」である。

共創とは共同創造の略称で、みんなで共に生きていくのはもちろんだが、それだけでなく新たな価値を創造していこうという提言であった。この発想を基《もと》に、国家戦略会議でグリーン成長戦略とか、中小企業対策とか具体的な政策を盛り込んだ日本再生戦略が考案されたのである。

一〇　素志貫徹の人生

政経塾の五誓の中で、とくに素志貫徹という言葉を愛唱してきたことはすでに述べた通りである。「成功の要諦は、成功するまで続けるところにある」ということは、逆に言えば、諦めたときが失敗だということになる。

人のせいにしたり、国のせいにしたり、時代のせいにしたりして失敗だと決め付けるケースがほとんどである中で、自分が諦めたときが失敗だというのは、きわめて粘り強い考え方であると思う。

塾生だったとき、この言葉を毎朝、唱和していたが、当時は知識として頭に入れていただけであった。しかし、卒塾後、政治家として活動して落選したり、挫《くじ》けそうになったりしたとき、一番心に沁《し》みたのがこの言葉であった。

県議会議員になるまで二年間ぐらい、いわばプー太郎をしていた時期、「こんなことをやっていて大丈夫なのか」と思いつつも、最後まで諦めないでチャレンジした。

それから、これも前述したように、せっかくバッジを付けて県議会議員、国会議員と順調に来たけれども、一九九六年の総選挙では百五票差の次点で落選した。三年八カ月もの間、浪人生活を送ったが、この時期もいかに諦めないで耐えるかという試練の時だった。

総理大臣になったのが五十四歳で、辞めたのが五十五歳のときだった。政治家として物事を成し遂《と》げるという意味では、ひとつのピークを越したわけだ。しかし、いまだに政治活動を続けているのは、この諦めない心、素志貫徹の心があるからだ。

総理大臣を辞めて、その後どうするかを考えたとき、思わず本屋に行って買ったのが、たまたま当時ベストセラーだった村上龍の『55歳からのハローライフ』だった。たまたま「これは何だろう」と目についたのである。もう政治の世界にいても仕方がない。だとしたら、何か違う道を見つけ、方向転換を考えたほうがいいかなという気持ちがあり、思わず手に取って読んだのであった。

もうバッジは外《はず》して後輩たちの政治活動を支えようかとか、政経塾で後進を育てようかとか、いろいろな考えが浮かんでは消えた。「さあ、どうしたものか」と葛藤の中で過ごしていた。

しばらく安倍晋三《あべしんぞう》政権の成り行きを見ていると、政権与党であった民主党と自民・公明の三党合意を反故《ほご》にして消費税率引き上げを二度も延期した。自分が進退をかけて期したものが引き継がれず、一強多弱の政治状況が続くのを目《ま》の当たりにしたのである。そのときに思ったのが、「松下さんも同じ気持ちだったのではないか」ということだ。

終戦時、松下さんは会社も工場も資産もすべて失った。再起宣言をするのは、終戦後五年ぐらい経ってからである。その間の記録というのはあまり残っていないが、おそらく葛藤の中で過ごしていたのではなかったか。そこからもう一度立ち上がり、世界のパナソニックにまで会社を成長・発展させたのは偉業であった。

サラリーマン社長や、二世や三世の経営者であれば、終戦の時点で心がポキッと折れていたにちがいない。しかし、松下さんはもともと零細企業からスタートしているので、「またゼロからや。やればできる」という大きな心があったのだと思う。

松下さんは終戦時に五十歳だったから、五十五歳でリターンマッチを始めたことになる。そのことに気づいたとき、「そうか。私も今、五十五歳。松下さんと同じ状況だな」と自らを省みた。そして、「このままでは引けない。もうひと踏ん張りも、ふた踏ん張りもしなきゃいけない」という気持ちになり、今に至っている。

こうして自らの政治家人生を振り返ると、松下幸之助という人に出会っていなければ、三度の試練を乗り切れていなかったかもしれないとつくづく思うのである。

一一　松下幸之助から託されたもの

松下幸之助から託されたと、私が考えているものが二つある。ひとつは税財政の立て直しであり、もうひとつは二大政党を定着させることである。この二つの宿題は、私がバッジを付けている限りは追求していかなければならないと思っているところだ。

税財政の立て直しで言えば、松下さんが強く主張していたのが無税国家構想であった。今の日本政府の財政からすると、無税国家は現実からかけ離れたものでしかない。しかし、少しでも財政を再建し、その理想に向けた見通しを切り拓《ひら》いていくのが、私の役割だと認識している。

最初に松下さんから無税国家構想について聞いたのは、私がまだ政経塾の塾生だったときだ。松下さんはすでに八十代後半だったわけだが、自信をもって持論を説いていた。

松下電器でも二五〇年にもおよぶ経営計画を立てた人だから、百年あるいは二百年のスパンで物事を見通すのが癖《くせ》だったのであろう。「百六十歳まで生きたい」と言っていたので、自分が立てた計画の成否を見届けようというぐらいの気概があったと思う。とにかく遠大なビジョンであり、「これは凄《すご》い発想だ。そんな先のことまで考えているのか」と驚きを禁じえなかったのを覚えている。

日本一のお金持ちとして高額の所得税を払っていたわけだから、多額の税金を取られることに文句を言いたくなる気持ちはわかるが、そういう個人的な感情をはるかに超えて、遠い将来のことを見据える構想力の大きさに、私は正直言ってビックリしたのである。

こんな発想は、役人からも学者からも出てくることはない。財政学を学んでも、誰もそんなことは考えない。やはり経営者だからこそできる発想である。民間の知恵というものは、それこそ規制や慣行に囚《とら》われないところに着想のユニークさがある。まさに目から鱗《うろこ》であり、日本の経営者は凄いと改めて認識させられたのであった。

松下さんの発想とは、一言で言えば国家経営ということだが、その原点は戦後の混乱期にあった。

松下さんは戦前、既《すで》に企業家として成功していた。二股ソケットをはじめ、ランプやアイロンなどの製品が次々にヒットして事業を拡大した。軍部の要請で船舶や航空機の製造も手がけ、多数の従業員を抱えていた。しかし、敗戦後はGHQ（連合国軍最高司令官総司令部）によって財閥に指定され、身ぐるみを剝《は》がされるように財産を失ってしまう。

つまり、個人でいくら頑張っても、国家が経営を間違えれば国民は不幸になることを身を以《もっ》て味わったわけだ。だから、松下さんは企業経営のみならず、国家経営に注目するようになったのではないかと私は考えている。

松下さんが無税国家構想を打ち出したのは、一九七〇年代後半（昭和五十年代初頭）だったと思う。

その後、日本の財政がもっともよかったのは一九九〇年（平成二年）で、ごく大雑《おおざっ》把《ぱ》に言うと歳入が六十兆円に対し、歳出が七十兆円であった。歳出超過ではあるものの、歳入と歳出の差がもっとも近づいた時期であった。

松下さんの構想が出されたころから一九九〇年のピークにかけて税収は右肩上がりで、いずれ歳入が歳出に追いつくと見られていた。その時期に無税国家構想を着想したのは、慧眼《けいがん》であったと私は考える。歳入が歳出を越えたならば、歳入をすべて使わずに貯めていけば、基金を作って利子で運用できるようになるからだ。無税国家の実現はけっして無理な話ではなく、リアリティがあったのである。

ところが、バブルが弾《はじ》けたこともあり、税収は一九九〇年の六〇兆円から二〇〇〇年ごろに五〇兆円、二〇一〇年に四〇兆円と右肩下がりで落ちていった。

一方、歳出は一九九〇年の七〇兆円から二〇〇〇年ごろに八〇兆円、二〇一〇年に九〇兆円と右肩上がりで増えていった。これは財政用語で「ワニの口」という現象であり、ワニの口が開くように歳入と歳出の差が開いていったわけだ。

消費税の増税もあって、二〇一九年度予算における税収は六十二・五兆円にまで戻してきている。しかし、歳出は一〇一兆四五六四億円に達し、ついに百兆円を超えてしまった。歳出が相変わらずの右肩上がりなので、歳入が追いついていかないというのが現状である。

ちょうど私が財務副大臣に就任した二〇〇九年ごろ、財政状況はひどい状態であった。税収よりも国債（借金）のほうが多く、過去最悪と言われた一九四六年（昭和二十一年）に近い状態で、二〇一〇年度の予算編成をしなければならなかった。これでは、無税国家を論じるどころではない。松下さんの弟子としては何とも悲しい現状で、その後財務大臣を引き受けたのである。

どん底の財政状況下で、私は副大臣から財務大臣となり、財政運営戦略を作った。これは二〇二〇年までの十年計画で、プライマリーバランスを黒字化するという戦略である。小泉純一郎《こいずみじゅんいちろう》政権でも試みたが、結局頓挫《とんざ》していた。

歳出を削るのが、財政再建の第一歩である。その一里塚を作ることが、自分の使命だった。その先のことは次の世代に任せ、無税国家をリアリティを持って語れる時代に向けて環境を整えるのが、自分の仕事だと考えたのである。

その結果、二〇一〇年をピークにして二〇一一年、二〇一二年と新規国債の発行残高を減らすことができた。しかし、道半ばにして旧民主党政権は倒れた。返り咲いた自民党政権はアベノミクスを打ち出したが、財政状況は再び悪化の一途を辿っている。

また、格差社会が深刻化し、国家の安定をもたらすはずの分厚い中間層が脆弱《ぜいじゃく》になりつつある。中間層から下にこぼれる人が増えているわけだから、家電製品を販売するような企業にとっては非常に厳しい環境になっていると言わざるをえない。

私の政権では分《ぶ》厚い中間層の復活をテーマに掲げたが、残念ながら道半ばで政権交代に追い込まれてしまった。その後、自民党政権になってトリクルダウン仮説に基づく政策がいっそう強まった分、格差が拡大する傾向が強まった。トリクルダウン仮説とは、富《と》める者が富めば、貧しい者にも富が滴《したた》り落ちるという経済理論である。中間層の実質賃金は事実上、下がったままだから、実態はより厳しくなっていると思う。

松下さんもさすがに、日本がここまで落ち込んで活力を失うとは思っていなかったのではないか。昭和五十年代ですら、あれだけの危機感を持って警鐘をならしていたわけだから、もし生きていたら「政治家はいったい何をやっている」と机をバンバン叩き、怒り心頭で訴えたかもしれない。

一二　保守二大政党の定着を

松下さんから託されたもうひとつの宿題が、保守二大政党制の定着である。ひとつの政党が権力を握っていると、弊害が出てきても正すことができなくなってしまうので、やはり競争するライバルの存在が不可欠である。

松下さんは実際に構想として打ち出していないし、保守二党論に言及したわけでもない。しかし、幻《まぼろし》となった新党設立構想など、さまざまな水面下の動きから見て、自民党に代わる保守党を育てて二大政党が政治を行なっていくことを松下さんは目指していたと私は考えている。

本当は政経塾で人材育成をする前に、自民党に対抗できる政党を樹立したいという気持ちがあったと思うが、「経営者が直接、政治に乗り出すべきではない」という周辺の声が強く、人材育成から始めることにしたのだろう。

政経塾自体についても、松下さん自身はもっと早くやりたかったにちがいない。しかし、周囲の親しい人たちが「やるべきでない」と進言したため、一九七九年のスタートになった。松下さんとしては周辺の反対を押し切ってまでやるのではなく、周辺の理解を得てからやる道を選択した。つまり、時代の要請を受けて初めて、政経塾構想をスタートしたのであった。

政経塾を始めてからも、松下さんは新党構想を完全に放棄したわけではなかった。政経塾の歩みを見据えながら、あまり歩みが遅いようなら新党設立に踏み切る考えを持っていたと思う。その証拠のひとつとして、大蔵省出身の若い政治家志望者を即戦力として支援していたことがある。私はその方から、政経塾で講義を聞いたことがある。

松下さん自身は、若いころに大阪の区会議員に立候補して当選している。一期だけとはいえ、政治家であった経験もあり、若いころから世の中をよくしていきたいという気持ちが強かったのだろう。特定の政治家の名前を挙げて誉めるのは聞いたことがないが、大平正芳さんには親近感を持っていたと推測している。

松下さんは戦争ですべてを失った後、戦後に再スタートを切るにあたってPHP研究所を立ち上げたが、ＰＨＰの理念と政経塾の塾是・塾訓には重なるところが多い。ＰＨＰは書籍などの刊行物を通じて世論を啓蒙していくアプローチであったが、経営者として再び成功を遂げた後、具体的に社会に働きかけて理念を実現していこうという思いが強まり、政治に関わっていったにちがいない。

現在の小選挙区比例代表並立制という制度は、振り子が振れるように二大政党ができやすい制度で、一九九四年の政治改革法が施行されてスタートしたわけだが、現実は一強多弱であり、振り子が振れる状態になっていない。自民党・公明党という与党はあっても、それに対抗する受け皿がないというのが実情だ。

その受け皿を作ることが、財政の立て直しとともに松下さんから託された私の宿題だと考えているが、どちらの課題についても現実は相当厳しい状況だと言わざるをえない。

それから、人生百年時代を迎えて、社会保障改革も急務である。

日本の医療や福祉の基本は国民皆保険、国民皆年金であるが、これは一九六〇年ごろ、つまり平均寿命が七十歳に届いていないころのビジョンである。その基本設計が人生百年時代に通用するはずがない。それを微調整しながら何とか持たせているのが現状だが、誰がどう見ても危《あや》うく、不安が増大している。人生設計が立たないのである。

だから、たとえバラ色の未来が描けなくても、社会保障を改革して将来の見通しが一定程度は立つようにしなければならない。当然ながら国民にも負担を強《し》いることになるが、それも理解してもらった上で新たなビジョンを掲げる必要がある。

一三　オールジャパンでチャレンジ

国の財政状況についても一強多弱の政治状況についても、松下さんが現状を見たら膝をガクッと落とすぐらい驚くのではないだろうか。そして「なぜ、ここまで何も手を打ってこなかったのか」と、私たちの怠慢《たいまん》を厳しく問い質《ただ》すだろう。

しかし、松下さんはけっして諦めないだろう。諦めない限り、道は必ず開けてくると確信していた人だから、きっと奮《ふる》い立つと思う。戦争によってすべてを失った時のように、奮い立って政治を立て直そうとチャレンジするにちがいない。

私も呆然としてはいられない。政経塾出身者に限らず、危機感を持っている人たちを結集してオールジャパンのチームを組む。それによって、何とかこの困難を乗り越えていかねばならないと考えている。

財政、社会保障、教育それぞれの分野に、官僚も含めたプロフェッショナルがいる。あらゆる人たちを総動員して国家ビジョンを作り、まずは見通しを立てなければいけない。政党になるのか、政党とは異《こと》なる組織になるのかはわからないが、ひとつの提言をまとめ、それに即《そく》して一群の政治家たちが政党を超えて行動するというスタイルになると思う。

「井の中の蛙《かわず》」という諺《ことわざ》があるが、今や「湯の中の蛙」になっているのが現状だ。政治家も官僚も、ゆでガエルになっている。湯に浸《つ》かっている時間が長いほど麻痺《まひ》している度合いもひどいので、自分がゆでガエルであることすらわからなくなっている人がいる。そうした自分たちの惨状を本当にわかっている人でないと、改革はできないだろう。

特定の政党というよりは、どの政党の政治家も同じ問題意識を持たなければならないし、そこがスタートになる。

本当は政権与党が国民に危機を訴えて、やらなければいけないことを国会で具体的に提示していくのがベストである。自民党内からこうした動きが出て来て、それを私たち野党がチェックしていくというのが一番いい形だが、それができないならば、危機感を共有する政治家や官僚たちが超党派でチームを作り、提言をしていくという道しかない。

二大政党とまではいかなくても、政権与党とその対抗勢力の両方に危機感を持った人たちが台頭してきたとき、財団法人である政経塾の出番も出て来る。政経塾出身の政治家は自民党にも野党にもいるので、特定の問題については政党という垣根《かきね》を越えて結束して動くというやり方が可能になると思う。

私の同期であれば、自民党の逢沢一郎がいる。各年代に同期生がいるわけだから、政経塾出身の政治家はそういう役回りができるし、やらなくてはいけないと改めて思うのである。

敗戦というこの国最大の危機に際して、松下さんをはじめ多数の経営者たちが戦後の荒廃の時期に立ち上がり、世界が驚く高度経済成長を実現した。それを多くの政治家や官僚たちが後押しした。国民の多くが元気を失った時期に立ち上がった人たちが、政官財それぞれの分野にいたということだ。

あの戦後の荒廃期にできたことが、もう一度できないわけがない。今こそ政官財あるいはメディアも含めて、志のある人たちが立ち上がり連携していく、そのときである。

私自身は今所属している小さな会派を母体にして、あちこちと連携しながら国家的なネットワークを作っていきたいと思っている。

その場合に大切なのは、危機感の共有と使命感だ。政経塾流に言うならば、素志こそが問われている。いかに志を持って活動するか。そういう志を共有できる人たちとつながり、大きなネットワークにしていくことが求められている。

一四　お茶の間のヒーロー

松下さんが平成元年に亡《な》くなって以来、三十年余りが経つ。しかし、生前はもとより亡くなって以後も、松下さんのように創業者として経営哲学を持って世界的な企業を作り上げたのみならず、国家的な視野に立って政治や啓蒙活動、人材育成などにまで関わってきた経営者は見当たらない。本田宗一郎《ほんだそういちろう》さんとか、出光佐三《いでみつさぞう》さんとか、スケールの大きな経営者はいたが、松下さんとはまったくタイプが異なる。

ちなみに、私は政治家になって四半世紀、歴代の総理大臣や大臣たち、野党のリーダーたちも間近に見てきた。しかし、松下幸之助に匹敵《ひってき》するような大人物は、政界でもひとりも見たことがない。

大変寂しいことであるが、国際会議やイベントで登壇した政治家や財界人のスピーチで、心に沁み入るようなものは最近ほとんど聞いていない。警世的な発言をする方はいても、こちらの心を鷲《わし》づかみにして揺さぶるような演説は、とんと聞かないのである。

企業の立ち上げから困難に立ち向かってきた創業者は、短期の利益だけでなく中長期を睨《にら》んだ企業経営を心がける。しかし、すでにでき上がった企業で社長を引き継いだ経営者は、四半期ごとの業績を上げることに追われ、今の政府と同じように難題を先送りしていきがちである。それを繰り返していると、中長期の取り組みが疎《おろそ》かになり、企業は活力を失っていくだろう。

中長期のビジョンを失った今の企業経営と、国家経営の危機的状況はよく似ていると言わざるをえないのだ。

松下幸之助は経営の神様であると同時に、お茶の間のヒーローでもあった。私が子どものころから松下さんのことを知っていたのは、プロレスの力道山やジャイアンツの長嶋茂雄《ながしましげお》と同様に、お茶の間で話題になる国民的なヒーローだったからだ。

そのお茶の間のヒーローは、元を正せば、零細企業のおじさんであった。夫が出稼ぎに出た後、かあちゃんとじいちゃん、ばあちゃんでする農業を「三ちゃん農業」と呼んだが、家族三人で始めた松下電気器具製作所は、さしづめ「三ちゃん企業」であった。

松下さんは常に自分の体験を元に身近なメッセージを出してくれたので、私たち国民は、神様やヒーローであった松下さんに、近所のおじさんのような親しみを持つことができた。それは、私の母も弟もみんなが松下社長ではなく「松下さん」と呼んでいたことでもわかる。

今の経営者で、国民にこぞって「さんづけ」で呼ばれる人がいるだろうか。

私が思いつくのは、ベトナム建国の父と言われたホーチミンである。ホーチミンはベトナムの人たちから親しみを込めて「ホーおじさん」と呼ばれていた。

私も元首相などという肩書きに甘んじていては、松下さんに叱られる。「野田さん」とか「ノダおじさん」と国民にさんづけされるような身近な存在になり、国民が心をひとつにする結束点にならねばと、身を引き締める昨今である。

振り返りたい、創業者の「思い」

連合総研理事長　古賀伸明

大きな時代の転換期

創業者のご逝去

今、私の手元には、懐《なつ》かしい二つの広報紙がある。松下電器産業労働組合の「ユニオン」〝故松下幸之助相談役追悼特集号〟と、松下電器産業株式会社「松下電器PanaNews」〝松下幸之助相談役ご逝去〟の二つだ。

松下電器産業株式会社の創業者であり、まさに精神的支柱であった松下幸之助相談役が一九八九年四月二十七日に、満九十四歳の天寿を全《まっと》うされた。

創業者のご逝去は、まず当日のテレビ放送で報じられ、新聞の号外も発行された。当日の夕刊では、各紙が第一面で大きく報道した。海外でも欧米をはじめ各国のマスコミがこぞって報道し、特に米国ではニューヨーク・タイムズが大きく報じたほか、タイム誌が追悼記事を掲載した。

長蛇の列ができた四月三十日の大阪市内の西本願寺津《つ》村《むら》別院での密葬、そして五月二十五日に大阪府枚方市《ひらかた》の松下電器体育館で行なわれた松下グループ合同葬にも参列し、ご冥福をお祈りした。この日は雨がぱらつく曇り空であったと記憶している。

当時、私の前任の松下電器労組中央執行委員長の故前川朋久《まえかわともひさ》氏が従業員を代表して哀悼の意を捧《ささ》げた。その弔辞《ちょうじ》のコピーも手元にある。それは、私が中央執行委員長に就任した時、前川氏からの引継ぎのひとつでもあった。

創業者が亡くなられたこの一九八九年という年は、大きな時代の節目といわれ、今年二〇一九年からちょうど三十年前にあたる。この年、世界で何が起こったのか、少し振り返ってみたい。ベルリンの壁が崩壊し、中国の北京では天安門事件が発生し、時代の変わり目を実感する出来事がたてつづけに起こった。

特に、ベルリンの壁の崩壊は、東西ドイツの融合のみならず、冷戦構造の終焉《しゅうえん》の引き金を引いた。政治的な冷戦構造に終止符を打っただけでなく、共産主義・社会主義国家が、市場経済・資本主義に雪崩《なだれ》を打つように参入し、一九九〇年代半ばになると誰もがコンピューターを使えるWindowsというソフトが開発され、この現象は当時、IT革命といわれていた。

その頃の私はまだまだ呑気《のんき》なもので、コンピューターなどは専門家が使うものだと思っていたものだ。冷戦構造の終焉で、世界が単一市場化するとともに、IT技術の急速な進展によってグローバル化が一気に進む。現在につづくそんな時代になったきっかけが、ベルリンの壁の崩壊であった。

一方、日本に目を転じると、一九八九年は平成元年で、その年の十二月末の東京証券取引所の大納会の株価終値は、三万八九一五円、バブルの絶頂期である。企業の価値を示す時価総額を見ると、日本の企業は世界上位二〇社の中に一四社がランクインしていた。ちなみに二〇一八年は三五位に一社入っているだけである。ここから一九九〇年代に入って、一気にバブルが崩壊していく。この年、昭和の歌姫といわれた美空《みそら》ひばりさんも亡くなっている。

平成の時代とは、国際的にはグローバル資本主義の進展、国内的にはバブルが崩壊していく過程であったのかもしれない。そして、もうひとつ付け加えるとすれば、自然災害の猛威を実感した時代でもあった。

言うまでもなく、これらの環境変化は私たち一人ひとりの働き方・暮らし方・生き方に大きな影響を及ぼしている。こんな時代の中で、私たちは好むと好まざるとにかかわらず生きている。このような大きな時代の転換期だからこそ、創業者の足跡をたどりながら学び、これからの日本に活《い》かすことが求められている気がしてならない。

松下幸之助と労働組合

労組結成大会での異例の挨拶

日本の労働運動は、もちろん第二次世界大戦以前にも諸先輩方が苦労して活動していたが、当時の運動は総じて弾圧の歴史である。現在の運動の原型は一九四五年八月十五日に終戦を迎え、GHQ（連合国軍最高司令官総司令部）の統治下に置かれて以来の占領時の民主化政策にある。

ご存じの通り、ＧＨＱは日本を二度と戦争を行なうような国でなく、民主国家にしなければならないとして、財閥解体や農地改革などの経済の民主化、教育改革、選挙権賦与による女性の解放、秘密警察の廃止、そして労働組合結成の奨励という「五大民主化政策」を打ち出した。労働組合法はその同年十二月に制定され、それは日本国憲法より約一年早い。

その年から日本にも多くの組合が誕生し、組織率は五五％を超え、松下電器も組合結成に向けての動きが活発化した。労働組合について最初は否定的であった創業者も、当時の客観情勢をいち早く悟《さと》り、「これからの時代は労働組合との積極的な協力関係が基盤となる」との考え方に変化していったという。

労働組合結成前、有志の「単一の組合を作るためには、社員と工員を分けている身分制度が弊害になる」との申し入れに対し、創業者はただちに応じ、一九四五年十一月から身分の平等と、日給制から月給制への改定を行なった。このことは、経営の面でもしばしば指摘される、創業者の先見性と発想の柔軟性を物語るひとつの例であろう。

全国に次々と生まれた労働組合の流れを受けて、松下電器労組も一九四六年一月三十日に、大阪市中之島の大阪市中央公会堂で結成大会を迎える。一九四五年八月の終戦、そして占領。以降、日本全体が急激な民主化の渦中《かちゅう》にあり、戦時中からの反動もあって、結成された労働組合のほとんどは経営者と敵対し、排斥を求めるという傾向が顕著であり、経営者も労働組合結成を蛇蝎《だかつ》のごとく恐れ嫌うというのが、一般的な風潮であった。

まして、経営者が労働組合の結成大会に出席するなどは、当時の世相としては考えられないことであった。松下電器労組の場合も、当時の時代背景と同様の雰囲気があったことは否《いな》めず、その大会には「反民主主義経営幹部の退陣要求」なる決議もあったという。しかし、結成大会が「役員の選出」に移ろうとした時、突然、創業者（当時社主）は「挨拶をさせてほしい」と申し出られた。当時、創業者は五十歳強。創業者の挨拶を組合結成大会議事録メモから紹介したい。

「終戦と同時に、私は新生日本の建設を考え、わが社にも新しい経営が生まれなければならないと考えたのであります。だから私は、労働組合が誕生しておらなかった時から、民主主義の線に沿って経営していく方針をもってやってきたのでありま す。幸い、今日ここに松下電器労働組合が結成されたことは、その意味において慶《けい》賀《が》に堪《た》えないのであります。このことによって、我が社の経営に拍車がかけられると信ずるものであります。これを期《き》して、全員一致して真理に立脚した経営を行って参りたいと思います。今、皆さんの会社に対する要求、要望、理想を聞いて、まことに力強く感じたのであります。正しく新しい経営と、皆さんの考える正しい組合とは、必ずや一致すると信ずるのであります。私は最も純正なる考えにおいて新しい経営を行う考えであります。もし私の力の及ばない時は、皆さんの協力を得て、新日本の建設にまい進したいと思います。本日の結成大会に当たって、心からお祝いを申し上げる次第であります」

最初は野次も飛んで騒がしかった会場も、途中から水を打ったように静かになり、話が終わったとたん、拍手が沸《わ》き起こったそうだ。組合批判をするのではないかと疑惑を持っていた人たちの誤解も解《と》け、このような雰囲気の中での拍手は、創業者の気迫と共感によるものだったのであろう。来賓で来ていた社会党幹部の加藤勘十《かとうかんじゅう》氏が、「組合結成大会に社長が挨拶に来るとは珍しい。またそれを受ける組合も数少ない」と感心したことが伝えられている。

もちろん、私はこの現場を見ることはできなかったが、客観情勢からして、創業者が組合の結成大会に行き、挨拶をしたことは驚きであり、まさに稀有《けう》な出来事であったのだと思う。

社主追放除外嘆願運動

一九四六年秋、占領軍政策の一環である公職追放に創業者も指定された。結成されたばかりであったが、松下電器労組は「社主が退陣した場合は松下は支離《しりめつれつ》滅裂になり、瓦解《がかい》する。このような状況は労働者にとっても不幸である。全力を挙げてこれを回避しなければならない」との方針のもと、追放除外嘆願運動を展開した。組合員の署名捺印は約九三%の支持を得た。

初代委員長は組合員の署名捺印嘆願書を携《たずさ》えて上京し、交渉団に加わった。経営者の追放運動が激化していた当時としては異例のことで、政府当局にも感銘を与えたという。そのかいあってか、半年後の一九四七年五月には公職追放が解除されるに至った。

この社主追放除外嘆願運動は、おそらくわが国の労働運動史上、他に類《たるい》を見ない出来事であろう。これは、イデオロギー的側面からは批判の対象になるかもしれない。

当時、松下電器は多額の赤字を抱え、倒産寸前といわれた時期だけに、もし創業者が追放されれば経営は確実に瓦解し、多くの組合員が職場を失って路頭に迷うことになるという切羽詰まった状況にあった。

除外嘆願運動は何よりも、組合員のために何が必要かを考え、優先した対応である。この運動を全組合員の約九三％が支持し参加したことに意義があるとともに、その後の松下電器労組の体質にも大きな影響を与えたのだと思う。

労働組合との対話

さらに創業者は、一九六一年に会長に就任して以降も、組合本部役員と全国の支部三役（委員長、副委員長、書記長）が、政治・経済・経営全般についてさまざまな質問や意見を述べ、創業者の見解を聞く場として、年末経営懇談会を開催した。

この懇談会は、一九七三年に相談役に退《しりぞ》いた後の約十年間、毎年、年末に組合本部と支部三役を集めての相談役との「時局懇談会」に引き継がれた。会社側からの出席者は創業者と本社労政担当役員だけで、時間は二時間。諸先輩方から興味ある意見交換内容を仄聞《そくぶん》しているが、残念ながら私はこの場にも参加していない。この事実は、創業者の考える労使関係の基本がうかがえるとともに、人の話に耳を傾けつづける姿勢に、ただただ感銘するばかりである。

経営方針発表会での労働組合への言及

創業者は、経営方針発表会でも労使関係について触れている。

一九六〇年一月十日には、「健全な良識的な労働組合の発展は、日本を速《すみ》やかに向上、発展せしめるんだという強い信念を心にもってアメリカから帰ることができましたから、私はそういう態度を終始一貫して持ってきたのであります。今後とてその方針に変わりはございません。従って労働組合に対しては、誠心誠意、言うべきことは言い、理解してもらうことは理解してもらうように熱意をこめ、聞くべきことはどんどん聞いていきたい」と述べている。

一九六七年の経営方針発表会では、「日本の労使の関係でも、労働組合の方からも、どうしても国のため、労働者のためにこれだけはやらなくちゃならんということは、やはり通じると思うし、会社が労働組合に対して、これはどうしてもこれだけは聞いてもらわなければいけない、それは総合的に正しいことなんだ、それによって双方の幸せになるんだという信念がある以上は、断固としてそれを説明し通さなければいかんと思うのです。双方それでいいと思うのです。そうすればそこに一致点が見出されると思うのです」と話をしている。

未来への提言

松下電器労組は、結成20周年から十年ごとの節目に「記念運動史」を発刊している。そのそれぞれに、創業者から玉稿をいただいている。

特に、私が入社二年目の一九七六年五月に発行した、結成30周年記念運動史『続たゆみなき創造』に寄せられた約九〇〇〇字に及ぶ「運動の未来への提言」は〝日本式民主主義の先達に〟と題して、創業者の深い思いの提言となっている。

それは、結成30周年のお祝いの挨拶を述べた後に、「……はたして当を得たものであるかどうかはわからないが、最近感じていることの一端《いったん》をしるして、責をはたしたいと思うしだいである。

そこでまず、労働組合とか会社の問題をはなれて、そうしたものを含めたこの日本の国がどういう歩みをしていくべきか、どのように発展していくべきかということを考えてみたいと思う」とした前置きから始まる。

「多事多難な日本の現状」の分析、理念の創造を基本とした「自主自立の国家経営を」「他力依存を払拭して」、そのための「日本独自の民主主義」を、日本で真に開花した仏教やドイツの行き方から見習うべきところを学び、「国民の総意と協調で」真の発展を生み出していく必要を説いている。その上で、「……したがって、これからの十年においてこうした日本式民主主義の確立ということを日本の国家、国民全体として推進していくにあたっては、労働組合も会社も当然そのことに力をいたさなくてはならないと思う。それも単に力をいたすということではなく、率先してこれにあたり、いわば日本式民主主義の先達になっていくことが望ましい……」と提起している。

その前年、私の入社した一九七五年、当時恒例となっていた新年1月10日の経営方針発表会での創業者の挨拶は、オイルショック以降の、ただのジレンマではすまされない国際経済の厳しいトリレンマがつづく中で、かつてない激動の事態に直面し、1974年度決算が初めて赤字になるかもしれないとの危機感を募らせ、「全員経営」を訴えている。

その挨拶の中でも触れているが、一九七五年には前年十二月に刊行した『崩れゆく日本をどう救うか』につづいて、九月にNHKテレビで「警世―松下幸之助氏と日本経済」が放送され、十二月には『危機日本への私の訴え』を刊行した。

そのほか、六月には国土庁顧問に就任され、名著『人間を考える（第1巻）』刊行も、この年である。今から思えば、一九七五年の頃は創業者にとって、オイルショック以降の憂国の思いから、一九七九年の松下政経塾設立、そして新党構想につながる真っ只中の時期であったといえるのではないかと思われる。

創業者に銅像を贈る

松下電器労組は一九八六年一月に結成四十周年を迎えた。私が七月に本部中央執行委員に選任され、大阪に異動した年である。

私の前任の故前川中央執行委員長は、「この四十周年を機に、創業者になんらかの形で感謝の意を表《ひょう》したい」と考えていたそうだ。そんなある日、大先輩から「今まで各方面から相談役に銅像を贈りたいという話が何度もあったが、みな断わっている。労働組合からなら受けられるのではないか」とアドバイスがあり、創業者の意向を確認すると、「組合からなら」とのことだったようだ。

組合組織として、組合員の資金カンパにより、創業者に銅像をお贈りすることを決定した。わずか一カ月足らずで多くの浄財が集まった。設置場所は、松下幸之助歴史館の前庭。なお、銅像は、創業者のご長寿も祈願するとの意味を込めて「松下幸之助翁寿像」と名付けられた。

一九八六年十一月二十七日、満九十二歳の誕生日に、創業者ご出席のもと、除幕・贈呈式が行なわれた。銅像の話題性もさることながら、創業者の近影が欲しいということもあってか、多くのマスコミが取材に訪れた。創業者は式後の直会《なおらい》には出席されなかったが、代わりにお礼の挨拶に立った松下正治《まさはる》会長（当時）が「おやじさんも大変喜んでいる」と会場を沸かせた。

私も前述したように、中央執行委員として、この式・直会に参列したが、その場が創業者を間近で拝見する最後となった。おだやかな快晴に恵まれた日であったことを、よく覚えている。

『創業者の労使観』を出版

一九九四年七月に、私は松下電器労組本部書記長に選任されていたが、その年は奇《く》しくも創業者生誕１００年にあたる。誕生日の十一月二十七日を中心に、松下グループ各社では、本社ならびに各事業場において記念の集《つど》いが開かれ、あらためて創業者の理念や具体的な実践内容を学び、今日的に活《い》かしていこうとの催《もよお》しがなされていた。社内ではパネル展示や、社内紙・誌の創業者特集号の発行、あるいは経営幹部OBの講演などが企画されていた。また社外においても、各種団体によるシンポジウムの開催やさまざまな記念出版、特集などが相次いだ。

しかしそれらの多くは、創業者の足跡を幅広く取り上げてはいたが、企業経営の重要な根幹をなす労使関係や労働組合に対する創業者の考え方、あるいはその根底にある〝人を大切にする〟、〝人の意見に真摯《しんし》に耳を傾ける〟というきわめて重要なことについては触れられていなかったり、触れていても実にあっさりしたものだった。

考えてみれば、創業者と直接関わりをもった人たちが、労使関係という面からだけでとらまえても組合役員のOBや会社にも大勢おられる。今、創業者にゆかりのある方々に、創業者の考え方や経験談を書いてもらい、後世に引き継ぐようにすることが重要ではないかとの思いから、一冊の本としてまとめることになった。

短期間ではあったが、十九人の玉稿が集まり、生誕百年記念出版『「創業者・松下幸之助氏の労使観」―関係者が生々しく伝える―』として出版した。当初予定の一〇〇ページがその一・六倍にもなった。

本社はもちろんのこと各分社・事業場と松下グループの各組合、組合支部に大きな反響をよび増刷が続き一万冊を超えた。また、外部の大学、労働問題や労使関係、経営システムなどを研究している部門からの寄贈依頼の多くにも対応させていただいた。

引越しのたびに整理を余儀なくされる書籍だが、私の手放すことのできない一冊だ。

先取りした労働条件

創業者は、時代の流れを先取りする鋭敏な感覚で、労働条件の向上などについても可能な限り先行して応《こた》えていく、との姿勢を示された。

一九六〇年一月十日、松下電器経営方針発表会の中で、「五年後の一九六五年を目標に、収入減にならない週五日制を実施したい」と、内外を驚かす発表をした。国連の一部機関でありスイスのジュネーブに本部がある国際労働機関（ILO）の「週40時間への時間短縮勧告」が一九六二年六月であるから、それに先駆けること、実に二年半である。労働運動全体としても、もちろん時間短縮の要求は掲《かか》げていたが、一日の労働時間短縮が課題で、週五日制など、余り話題になっていなかったそうだ。

創業者はそのころ「近い将来、米国に伍《ご》して競争するためには米国並みの生産性にする必要がある。その時の働き方は今日以上に心身ともにハードとなり、週二日は休まなければならないし、より質の高い生活を楽しむべきだ」という考えに基づいていた、と伝えられている。以降、労使によるさまざまな取り組みと準備を経《へ》て、一九六五年四月、わが国大手企業のトップを切って週五日制がスタートした。

生産性、生産量の低下は、一番懸念されたことであったが、五日制の実施で労働意欲が高まり、出勤率が上昇、労働災害も著《いちじる》しく減少した、と記録されている。また、顧客、取引先との関係についても、実施後しばらくの間は非組合員（管理職）による土曜出勤をつづけたが、約一カ月半で中止できた。
この時のスローガンが、「一日教養、一日休養」だ。ここには創業者の言う「休みを利用して人間性を高める」という積極的な意味がこめられている。また、一九六六年には労働組合が提起した長期賃金計画（賃金倍増5カ年計画）に対して、「受けて立つ」姿勢を明確に示され、さらに一九七二年には、他社に先がけて六十歳定年制をいち早く実現した。

しかし、創業者は、労働組合の要求をただ唯々諾々《いいだくだく》と聞く、いわゆるあまい経営者ではけっしてなく、むしろ労使交渉では厳しさが目立ったそうだ。労働組合役員や組合員が、常に経営実態を正しく理解しているかどうかを何よりも重視し、会社の回答が明日に活かされることを望まれた。そして交渉が解決した後には、「みんな喜んでくれているか」と必ず聞いていたそうだ。

その一面を表わすエピソードとして、「淀川の堤防が切れたと思えば」という創業者の言葉がある。時期は諸説あるようだが、一九六一〜六二年頃、一部思想に支配された労働組合執行部がストライキを乱発した時のことだ。ストを避《さ》けられずに謝りに行った労政担当役員に「気にするな。もし淀川の堤防が切れたら、松下の工場は全滅する。淀川の堤防が切れた（大きな損害を受けた）と思って頑張れ」と励《はげ》ました逸話は、語り継がれている。

松下電器の労使関係は、創業者の影響を大きく受け、今日まで引き継がれてきていることは間違いない。

私の考える労使関係

創業者の言動も含めて、私の労使関係に対する考え方をここで述べてみたい。

労使関係の基本は、「信頼と対等」「対立と調和」である。労使は信頼関係を築き、両者は常に対等な立場である。ところが、労使は立場が異なるから当然、対立が生まれ、対立すべき時には、徹底的に対立する。

しかし、対立するだけでは物事は解決しないし、発展もない。対立を余儀なくされた課題についても、お互いの主張を訴えるだけでなく、コミュニケーションを重ねることにより、どこかに接点を見出していくこと、調和を図《はか》っていくことが大切である。言い換えれば、労使は対立と調和を繰り返しながら切磋琢磨《せっさたくま》して、互いに発展していく、ということである。

また、本社の労政と組合幹部の関係は、労使関係の一断面にすぎない。労使関係の本質は、すべての職場における従業員と管理者の関係である。それぞれの場面において、お互いに理念や情勢、課題を共有化して、意見交換が日常的に行なわれていることこそが、労使関係の基本である。

よく労使関係は「車の両輪――一方が強すぎても弱すぎても車は前に進まない――」に

たとえられるが、さらに言えば「お互いを映《うつ》す鏡」とも言えるだろう。「うちの組合はどうも経営に理解がない」と言う経営者は、本当に組合をパートナーとして認識し、情報の共有化や経営への意見を真摯《しんし》に求めているのだろうか。

一方、組合も、経営側の無理解を非難する場合があるが、組合として日常的に経営に関心を持ち、情報収集や意見提起をしてきたのだろうか。相手の悪さの中には、自分の悪さが映っているのである。真の労使関係には、お互いを認め合う器量が問われている。労使双方が粘り強く努力を積み重ねなければならない、ということだろう。労働運動の元祖とでもいうべきイギリスの古い諺《ことわざ》に「経営者は、彼と同等の価値の労働組合を持つ」というのがある。

労使関係、という言葉は英語では「Industrial relations＝産業的な関係」というが、イギリスで起こった産業革命の際に、労働組合の歴史とともに労使関係の歴史も始まった。また、労使関係といえばよく登場するのが、アメリカの労働経済学者で、フォード大統領時代に労働長官を務めていたジョン・トーマス・ダンロップ氏である。

彼は労使関係を、雇用・労働に関する「ルールの網の目（web of rules）」と位置づけていた。たしかに狭い意味では、労使関係とは、働く者が仕事を行なう職場のルールの、網の目である。その場合は文字通り、労使関係は「労」と「使」の二者の関係である。しかし、単に職場というだけでは、企業が活動を行ない、働く者が日々の生活を営《いとな》む大きな社会的な側面を見落とすことになる。企業は離れ小島の閉ざされたところで活動しているわけではない、また、働く者も一人で孤立して生活しているのではなく、地域・社会の一員として暮らしている。

このように、労使関係は職場のみならず、社会的な関係を含めた広い場面でとらえなければならない、と言えるだろう。広い意味での労使関係のアクター（行為主体）は、労働組合、経営者そして地域、社会である。わかりやすく言えば、企業の労使で協議し交渉して決定したことは、地域や社会に大きな影響を与えることを常に認識しておかなければならない、ということだ。企業労使には社会的責任があるのだ。

企業別組合は経済が右肩上がりのときは、目標と情報の共有化により、大きな役割を果たしてきた。しかし、経済・社会が成熟化すると、どうしても「わが組織」「わが企業」の内にこもり、「合成《ごうせい》の誤謬《ごびゅう》」を起こす可能性が大きくなることを、よく自覚しておかなければならない。

企業の社会的責任

これからの企業の役割

企業の社会的責任という視点から、市場経済や企業のあり方があらためて問い直されることになったのは、二〇〇八年のアメリカの金融危機に端《たん》を発《はっ》した世界同時不況、いわゆるリーマンショック後である。その危機以降、欧米を訪問すると

「Conscious Capitalism」という言葉をよく聞いた。Conscious Capitalismというのは和訳すると「思慮深い資本主義」となる。いわゆる短期利益追求だけではなく、社会全体にかかわるステークホルダーの価値を上げていくような資本主義を目指そうではないか、という議論である。

私は、経済性、競争、効率をけっして否定しない。これらのことは、もちろん重要なことである。しかし、単にそれだけでは社会や組織は持続可能ではないと思う。お互いに支え合う・助け合う風土を創り出すことが大切だ。そこには、やはり社会性、ともに作り出す協働、ともに生きる共生がなくてはならない。このような概念がバランスよく配置される組織や社会を作らなければならない、と思う。

企業も、短期利益のみの追求から舵を切り換え、これからの社会を展望したイノベーションへの投資や社会的課題解決のための経営が求められている。また、これまでは、企業は利益を上げることによって税金を納め雇用を拡大することがその役割で、社会的な課題解決は他のセクターが行なうという役割分担の意識が何となくあったが、これからは企業にも社会的な課題解決が求められるだろう。すなわち、顧客、従業員、取引先、株主など企業と関わるすべての人たちをいかに持続的に幸福にできるかということに、真正面から向き合わなければならない。

企業の経営も経済も、人を幸せにする、社会を持続可能なものにするひとつの手段であるということが、創業者と向き合うと、自然にイメージされるのだ。しかし、現下の状況は、グローバル化の激化の中で巨大な金融資本やIT企業を中心に利益の追求に比重を置きすぎていないだろうか。人々を本当に幸せにするものは何なのか、という原点に立ち返る経営が今こそ求められている。

企業は社会の公器

「働く」ということは、当然のことながら、一人ひとりによってその価値観は違う。もちろん、働くことは生活の糧《かて》を得ることが第一であるが、それだけではない。それは、人と人をつなぐことであり、人と人がつながった組織や集団は、そのまま社会や地域とつながっていく。社会や地域とつながれば、働くということは社会の課題を解決する、もっといえば少し先を見て、新しい価値観を創っていくことに他ならない。

働くという過程で自分自身が成長し、あるいは自己実現を図っていくことが重要なことだと思う。加えて、けっして忘れてはならないのは、働きたくてもさまざまな困難を抱えて働けない人も社会の中で尊厳を持って自立していけるよう、お互いに支え合い助け合うということ。それも働くことの大きな意義だと考える。

そのことは、ＥＳＧ（Environment ＝環境、Social ＝社会、Governance ＝ガバナンス）投資や、二〇一五年九月の国連サミットで採択されたＳＤＧｓ（Sustainable Development Goals ＝持続可能な開発目標）が物語っている。

創業者は、経営理念に「企業は社会の公器」を掲げた。著書『企業の社会的責任とは何か？』の中で、創業者は「企業は人・土地・資源といった社会からの借り物・預かりものでできており、また、企業の役割は、社会の足らざるところを補《おぎな》い、これを潤沢に作り出すことで、世の貧困を失わせるものでなければならない」と表現している。そうした企業のあり方を、創業者は「企業は社会の公器」という言葉で表わしているのだ。

私は連合会長に選任された二〇〇九年十一月に、ある雑誌のインタビューで抱負を尋ねられ、こう応えている。「……連合運動を立ち上げた方々の思いを今一度振り返るとともに、第二世代のわれわれは労働運動が社会のインフラのひとつであること、換言すれば労働組合・労働運動も社会の公器であるという位置づけを、これまで以上にどう構築していくかが問われていると思います」と。

創業者の「対立と調和」

労使関係の中で「対立と調和」のことに言及したが、創業者は、バンク・オブ・アメリカの経営者ルイス・ランドボルグとの共著『日米・経営者の発想』において、こう述べている。

「私は単なる調和ではなく、〝対立しつつ調和していく〟ということが大事ではないかと思うのです。対立するということは、いわば双方が独立した主体として、それぞれの本来の立場を堅持するということです。自分の主体性も独立性も失ってしまって、相手のいうがままになるというのでは、これはほんとうの調和にはならないと思います。やはり、そういうものをしっかりと保ち、いうべきことはいいつつも、より大きな立場で協調していく、それが私のいう〝対立と調和〟であり、そのことは真の意味での共存共栄ということにも通じると思うのです」と。

私も議長を務めた金属産業の労働組合組織でつくる全日本金属産業労働組合協議会・IMF-JC（International Metalworkers' Federation-Japan Council）の組合役員研修・労働リーダーシップコースは、今年五十周年を迎えた。一九六九年の第一回特別講演「経営と人間」の講師として招聘された創業者（当時社長）は、ここでも対立と調和を取り上げ、「……あらゆるものは全部対立していると思われます。ですから、奥さんとご主人は対立しているのです。夫婦は一心同体だなんてことを言っても、一心同体ではありません。対立しているのです。しかし、調和している。対立しつつ調和している。これが本当の姿ではないかと私は思うのです。組合と会社も対立している。しかし、調和をすることに努力している。……組合も会社も平等の立場にたって、対立しつつ調和していく。それではじめて、お互いの真価も発揮することができると思うのです」と語っている。

このように、創業者の「対立と調和」は、労使関係をはるかに超え、自立したものがお互いの役割と責任を持ち、対立しつつも調和していくことによって社会は進歩・発展していくことを説いている。加えて、言い過ぎかもしれないが、善悪や清濁《せいだく》を併《あわ》せ呑むことにより、調和して本質的な真理が導かれることを……。

ちなみに、IMF-JCで一九七二〜八四年まで議長を務めたのは、私の大先輩でご指導をいただいた鉄鋼労連元委員長の故宮田義二《みやたよしじ》氏である。彼は、創業者が設立した松下政経塾の塾長を一九八七年から二〇〇〇年まで務められた。創業者とは一九六八年頃から親交があったようだが、労働運動一筋の人に塾長を任せる創業者も、それを受けた宮田大先輩も、秀でた人格者としかいいようがない。

創業者の人間観・人生観・経営観

私にとっての創業者像

若い人の間では、創業者が話題に出ることは少なくなったといわれるが、しかし、大阪府門真《かどま》市にある、パナソニック創業100周年の記念事業の一環として二〇一七年三月にリニューアルした新しい松下幸之助歴史館には、一年間で約三十万人のお客様が訪問した。そのなかには社外のお客様も多い。おそらく、年齢・性別・地位や立場にかかわらず、社会・企業・組織・人生をよりよくしていく上で忘れてはならない、自然の摂理・真理に基づいた、創業者の人間観・人生観・経営観からの言葉や実践の歴史であるがゆえに、誰の心にも素直に響《ひび》くからだろう。

前述したように、私は松下電器に入社以来、その大半を労働運動に携わってきた。仕事の現場そのものにいたのは、わずかな期間と言ってもいいだろう。ただ、松下電器内では労使という関係ではあるが、経営幹部とかかわりを持ったし、他社の経営者とも意見交換を持つ機会も多かった。そして何よりも働く現場も数多く見てきた。

そのような中で、創業者の人間観・人生観・経営観に触れ学んだこともある。それは創業者のほんの一端であり、間違ったり言葉足らずであったりで、誤った印象を与えかねないと畏《おそ》れてもいるし、きわめて恐縮であるが、私なりに触れる試みをしてみたい。

人間観

創業者の遺《のこ》した本や言葉から推測するに、創業者は「素直な心」を一番大切にしていたと感じる。人間観のひとつである「素直な心」に関するエピソードにこんなものがある。

織田信長の「鳴かぬなら殺してしまえホトトギス」、豊臣秀吉の「鳴かぬなら鳴かしてやろうホトトギス」、徳川家康の「鳴かぬなら鳴くまで待とうホトトギス」という、天下人の性格を後世の人がたとえた句がある。創業者は生前、ある人からこの三つの句のうちでどの句が一番好きですかと問われて、「鳴かぬならそれもまたよしホトトギス」と応《こた》えたそうだ。このことは野田佳彦前総理も創業者の人となりを知る例として書いている。

九十二歳から九十四歳で亡くなる寸前までの間に語ってきたものを一冊にまとめた『人生談義』の中には、「三人が詠んだものか、あるいは後世の人が三人の特徴を端的に表現するために作ったものなのかは知りませんが、それぞれ、鳴くということを期待しているから出てくることばです。つまり、鳴くということに皆こだわっていると思うのですよ。ぼくはね、何ごとでも、何かにこだわっていたら、うまくいかないと思っていますね。だから、ぼくならこういう態度でありたいですね。『鳴かぬならそれもまたよしホトトギス』。つまり、自然の姿でいこうというわけですよ。なかなかむずかしいことですがね」とある。

また、「経営を進めていく上での心構えとして一番根本になるものは〝素直な心〟になること、素直な心になれば、物事の実相が見える。それに基づいて何をなすべきか、何をなさざるべきかということもわかってくる。なすべきを行い、なさざるべきを行わない。真実も勇気もそこからわいてくる。一言で言えば〝素直な心〟は、その人を、正しく、強く、聡明にする」と、創業者は語っている。

創業者は一九六一年、会長に就任されたのを機《き》に、長年の夢でもあったＰＨＰ研究に専念したいとの思いから、京都南禅寺畔に別邸を買い求め、「ＰＨＰ研究所」を再開された。この邸を自ら「真々庵」と名づけ、思索の場やお客様との歓談の場としてこの上なく愛したとのことである。

ＰＨＰとは、野田さんも話しているように、“Peace and Happiness through Prosperity”、つまり、物心ともに豊かな繁栄を実現していくことによって、人々の上に真の平和と幸福をもたらそうという一種の啓蒙運動である。ＰＨＰを発案されたのは戦後の荒廃の姿に心を痛めた創業者が、第二次世界大戦後まもない、進駐軍による公職追放を受けておられた頃からだと伝えられている。

その真々庵にて、一九六一年から数年間、研究生として創業者のもとで仕えた大先輩から、創業者のこんな話も聞いた。「素直な心にも碁や将棋と同じように初段から名人まであるんやと思う。初段になろうとおもうなら一万回反省せんならん。自分は何かにとらわれていないか？　ゆがんだ心で判断していないか？　と事あるごとに自分を省《かえり》みる。これを一万回繰り返してやっと初段や。自分も最近はようやく初段ぐらいになったかなと思っている。名人の域に達するにはまだまだ修行が必要やな」

また、創業者は、「経営というものは、天地自然の理《ことわり》に従い、世間・大衆の声を聞き、社内の衆知《しゅうち》を集めて、なすべきことを行なっていけば、必ず成功するものである。その意味では必ずしも難しいことではない」と言っている。天地自然の理にしたがうということは、たとえば、雨が降れば傘をさすというようなものだと述べている。「雨が降れば、ごく自然に傘をさす、それが〝素直な心〟なのである。それを意地を張って傘をささないということは、心が何かにとらわれているからである。それでは雨に濡れてしまう。経営はうまくいかない」

五二〇万部を売り上げ、国民的ベストセラーとなった著書『道をひらく』の前書きは、

雨が降れば　人はなにげなく　傘をひらく
この　自然な動きに　その素直さに
私たちは日ごろから　あまり気づいていない

だが　この素直な心　自然な心のなかにこそ
物事のありのままの姿　真実をつかむ
偉大な力があることを　学びたい

から始まっている。

人生観

創業者は一八九四年、和歌山県に八人兄弟の末っ子として生まれた。村では小地主の階層にある資産家で、幼いころは、平穏な日々を送っていた。しかし、父親が当時活況を呈しはじめていた米相場で投機に失敗し、土地も家も売却。創業者も当時の尋常高等小学校の4年生終了を目前にして、大阪に丁稚《でっち》奉公に出ることとなる。

そんななか、父親が急逝、すでに二人の兄も早世しており、創業者は弱冠11歳にして松下家の戸主としての重責を負うことになる。また、家族はみな早世しており、二十六歳の時にはただ一人の後継ぎになったのである。

創業者は十六歳の時、大阪電燈に就職する。そして、一九一四年ごろ仕事帰りに肺結核初期の吐血をし、「肺尖《はいせん》カタル」を患《わずら》う。当時「致死の病」といわれた肺結核の症状であり、ついに完治せず、いわば病弱な体を療養する人生でもあったといわれる。

創業者の人生観は、学歴がない、身体が丈夫でない、家族に恵まれないという「ないないづくし」からの発想だ。それを天命として受け入れ、前向きにとらまえることができたのが、創業者の真骨頂だろう。

「学歴がない」からの発想は、みなから教えてもらう、すなわち「衆知を集めた全員経営」や、学閥がなく実力本位の人事を経営の中に取り入れた。

現在、ダイバーシティ・マネジメントの重要性が増している。もともとの考えは、社会的マイノリティや女性の積極的活用、差別のない処遇の実現にあった。現在は、人種・性別・年齢のみならず、宗教・言語・障害の有無・性的指向など、多様な価値観を持つ人材を活用し、互いに理解・尊重しながら新たなビジネスモデルの創造につなげ、組織を活性化する原動力としてのマネジメントと理解されている。まさに、これは創業者の「衆知を集めた全員経営」ではないだろうか。

私はこれからの社会を展望した時のキーワードのひとつは、創業者の「衆知を集めた全員経営」と同様に、少し観点は異なるかもしれないが、「全員参加型社会」だと思う。私たちを取り巻く、経済・社会の成熟化や超少子高齢・人口減少社会では、全員参加で支え合っていける社会をいかに創っていくのかが問われている。それはただ単に超少子高齢・人口減少だからではなく、あるいは社会保障のためだけではなく、社会の秩序形成も含めて全員参加で創っていかなければならないと考えている。

このような時代には、独裁者や強いリーダーシップを求める傾向があり、２０１７年の国際アンケート結果によると、各国とも、民主主義というのは滅びるのではないかという回答がきわめて多くなっている。と同時に、強いリーダーシップや独裁者のようなものを求める回答が増えているのだ。たしかに正しい独裁者であれば、意思決定も早くて良いのかもしれないが、独裁者は、けっしていつも正しいとは限らないことは歴史が証明している。多少時間はかかっても、それぞれの価値観をさらけ出しながら、少しずつ折り合いをつけて秩序を形成していく、方向を見出《みいだ》していくことが欠かせない。

今まさに、地道に合意形成の道のりを探ることが重要ではないかと思う。そのほうが、政策にしても、手法にしても、回り道のように見えながらも早く組織や社会に浸透していく。その意味も込めた「全員参加型社会」である。

身体が丈夫でないから、人に任す経営、事業部制の導入、経営者の育成や自主責任経営の徹底を行なったのである。また、経営は経営トップのみが行なうのではなく、それぞれのレベルで経営が存在していることを説いた。

『人を活かす経営』に「われわれは、われわれの仕事を、どれも一つの経営と考えなければならない。そのような小さな仕事も、それが一つの経営であると考えるときには、そこにいろいろな改良工夫をめぐらすべき点が発見され、したがって、その仕事の上に新しい発見が生まれるのである。……命じられたとおり、熱心に取り組んでいくというだけでなく、自分なりによりよき姿を求めて、工夫をこらしてそこに変化、革新を生み出していくことの大切さを説いたのである。そして、一人ひとりがそういう経営意識をもった自分の仕事の経営者にならなければならない、ということである」とある。

創業者が企業の経営からはじまり、地域の経営、国家の経営と考えを深めていったベースはここにあるのかもしれない。

事実、創業者は病弱ゆえに、個人経営の時代から、人に仕事を任せざるをえなかった。しかし、仕事を人に任す時、任せっぱなしではなかった。適時的確に報告を聞き、必要であれば的確な指導・助言を与えるのが上司の務めであるという、「任せて任せず」。これが創業者の仕事の与え方であり、人の育て方であった。

家族に恵まれないから、物をつくる前に人をつくる。前述の『人を活かす経営』に「私自身は事業を始めた当初から、人を育てることに少なからず意を用いてきました。まだ会社が小さかったころ、よく社員に「外に行ってお得意先から『君のところは何をつくっているのか』と聞かれたら、『うちの店では人をつくっています。電気器具もつくっていますが、その前にまず人をつくっているのです』と答えたまえ」、というような話をしたものです。当時は若くて意気さかんでしたから、おのずとこういう言葉が出てきたのでしょうが、ほんとうに真剣にそう考えていたわけです」とある。

一九三四年には店員養成所を開設し、三年間で旧制中等学校五年間の商業・工業課程を修了、第一期生は四七名だったと記録されている。

この言葉は現下の混迷した時代だからこそ、真に生きてくるのではないだろうか。

経営の根幹は人であり、企業の付加価値の源泉もまた、人であるのだ。

経営観

経営観については、私のような者が述べることは憚《はばか》られるが、創業者は事業を進める上で一番根本になるのは、「経営理念を確立することである。経営理念とは、〝この会社はなんのために存在しているのか〟〝この経営はどういう目的で、またどんなやり方でおこなっていくのか〟という基本の考え方である」と述べている。そして、一九二九年に経営の基本方針というべき「綱領」と仕事の心がまえを示す「信条」が確立され、一九三二年には根本理念である、産業人の使命を闡明《せんめい》にした。この年、一九三二年を「真の使命を知る」命知《めいち》元年とした。創業者三十七歳である。

創業者は、水道の水のように安価で良質な商品を大量に生産・供給することが社会の繁栄、国家の繁栄に繫《つな》がるのだという「水道哲学」を提唱された。創業者といえばこの経営哲学があまりにも有名となっているので、そのまま提示しよう。

「産業人の使命は貧乏の克服である。社会全体を貧《ひん》より救って、これを富ましめることである。水道の水は加工された価《あたい》のあるものであるが、道端《みちばた》の水道水を通行人が飲んでもとがめられることはない。それは、その量が豊富で安価だからである。松下電器の使命も、物資を水道の水のごとく安価無尽蔵に供給して、この世に楽土を建設することにある」ということになる。

この考え方に対して、「日本にまだ物が足りず、貧しかった発展途上の時代には適用できるが、物質的には飽和に至った現在の社会には適合しない」という指摘もある。たしかに、日本のみならず多くの先進国は、物があふれているのが現状である。

しかし、創業者は『企業の社会的責任とは何か?』の中で、こう言及している。

「……企業が、その時どきの社会の必要を満たすとともに、将来を考え、文化の進歩を促進するものを開発、供給していく、いいかえれば、その活動が人びとの役に立ち、それが社会生活を維持し潤《うるお》いを持たせ、文化を発展させるものであって、はじめて企業は存在できるのです」と。

すなわち、私たちは、過去にはなかった、現在ならではの不足、変化してきた新しい社会の要請とは何なのかを考えなければならない。過去の水道から出る「水」を現代的な問題にとらえ直し、その不足に応《こた》えることこそ、現在の企業のあるべき姿であり、その意味で「水道哲学」の意義はまったく色あせてはいないということができるであろう。たとえば、社会は商品の所有に価値を見出すモノ消費から、商品やサービスを購入したことで得られる体験に価値を見出すコト消費に変わりつつある。「新しい水」のヒントがここにもある。

加えて、グローバル化の流れはますます激化していき、日本企業の競争戦略もコストから新たな付加価値の提供にシフトしている。そのことを考えた時、競争力の源泉は、そこで働く人たちの知恵やエネルギー、そして創り出す新しいアイデアや発想ではないだろうか。

また、ＡＩなど新技術の進展によって、人でなければできない仕事こそがなおさら必要となり、アナログの価値や人間力が問われることになる。前述した超少子高齢・人口減少社会の進展で、日本社会の人手不足は構造的な問題である。育児・介護・治療を続けながら働くことも含め、働く場所や時間を限定されない働き方を望む人はますます増えてくる。ここにも「新しい水」のヒントはありはしないだろうか。

ミスター経営理念

経営理念や経営方針といえば、必ず語られ、松下電器の発展はこの人抜きには語ることはできないのが、高橋荒太郎《たかはしあらたろう》氏である。高橋氏は松下電器が個人企業から株式会社に移行してまもない一九三六年、松下電器と朝日乾電池との業務提携が縁で、松下電器の社員になった。

以降、監査課長を振り出しに松下電器の経理制度を確立し、一貫して創業者を支え続け、副社長、会長、顧問、最高顧問を務められた。

後年、「経営の神様」と呼ばれた創業者をして、神様のような人と言わしめたのが高橋氏だ。「松下電器には経営理念とそれに基づく経営基本方針がある」と口癖のように言われ、ミスター経営理念、創業者の伝道師・宣教師、松下電器の大番頭といわれた。

高橋氏の著書『語りつぐ松下経営』には、「松下電器にお世話になって、まず感銘を受けたのが、創業者の経営理念が明確にあったこと。どうして感銘を覚えたのかといえば、前の会社にもしこうした理念があったならば、重大な局面に直面した自身の経験から、思い迷わずに方針を決めることができた」というようなことを述懐している。

「以来、私は自分の小さな知恵、才覚で物事を判断するのではなく、経営理念・経営基本方針に沿って仕事をし、やった仕事をまたそれに照らして謙虚に反省し、検討するというやり方を通してきた」

そして、そのまえがきをここに引用しよう。

「……人間は概して弱いものである。順境期はともかくとして、ひとたび逆境に直面すると、必ず右にするか左にするか悩むことがある。そのときに、確固たる〝よりどころ〟がないと、冷静な判断を失い……。それは頭で覚えていても何の役にも立たないものである。……それを不動の〝よりどころ〟にするためには、自ら進んで実践し、体で覚えていくことが大切である。よく『そんなことは言われなくてもわかっている』という人がいる。

しかし、私の経験からいえば、そういう人に限って当然なすべきことができないのである。私は、世の中で一番むずかしいことは、誰でもわかっていて、誰でもやればできることを、間違いなくやり通すことだと思う。平易なことを間違いなくやり通すことはむずかしいことである。むずかしいことだから根気がいる。それを指導するほうはもっと根気がいる。いわば私は、それを四十数年間、根気強く、繰り返し繰り返し言い続けてきたのである。……」。

この本も、私が手放さずに手元においている一冊である。

経営方針を売ってほしい

もうひとつは、現在も年に数回お会いしご指導をいただいている佐久間《さくま》昇二《しょうじ》・元松下電器副社長から直接お聞きした逸話である。

一九六九年、氏がハンブルグ松下電器でフィリップス社との合弁によりできた工場で生産したナショナルブランドの乾電池を、ヨーロッパで販売する役割を担っている時のこと。ナショナルブランドがヨーロッパにおいてそれほど知名度もなく、商品力も強くなかった時代だ。

創業者（当時会長）がハンブルグ松下を訪ねてこられ、日本人出向者との懇談会がもたれたそうだ。ねぎらいの言葉をかけられた後、「商品を強くするために三年間の時間をくれ。その間にどこにも負けない商品を作ってヨーロッパに届ける」とおっしゃった。出席者一同、大変ありがたい話であり、うれしさに包まれていた。

ところが、そのあと創業者は「三年間かけて強い商品を作る約束をした。その間に強い販売網を作っておいてほしい」と述べている。強い商品がなければ、強い販売網など作れるはずがない。出席者の一人が率直にそのことを聞いたそうだ。

創業者はおもむろに口を開かれ、「商品を売る前に君たちに売ってほしいものがある。それは松下の経営理念や。それは松下の経営の基本の考えかたなんや。お得意様に松下の経営理念を売ってほしい」と、おっしゃったそうだ。それを聞いた出席者は一瞬ことばを失い、狐《きつね》につままれた感じになったという。

その時から、そのことばの謎解きをしばらくやることになり、いろいろと考えているうちに、商売の上で企業と企業のお互いが信頼しあう時に、その絆《きずな》となるものが、企業の持っている基本の考え方、理念なのではないかとの結論に至ったとのことだ。松下電器の経営理念が正しいから、相手がよきパートナーとして松下を選ぶ。相手の経営理念が正しいから、松下が相手をよきパートナーとして選ぶ。そうなって初めて信頼関係が長く続き、その関係を深め高めることができる。

佐久間氏はその後、家電営業の責任者になった時、「経営理念を売る」ルーツを過去の資料から調べたそうだ。その結果、創業者は一九四六年七月の営業所長会議で、同様のことをおっしゃっていることがわかった。しかも、まだ終戦後一年も経過していない大きな混乱期の最中に。彼曰《いわ》く「それは終戦当時に考えられたものではなく、創業以来の理念ではなかったか」と。創業者の偉大さを物語るエピソードである。

これまでの経験から学んだこと

最後に、大変恐縮だが、せっかくの機会でもあるので、私自身が先輩や後輩、同僚、そして関わってきた多くの人たちから多くのことを学び、これからも努力していこうとしていることを七つに整理して述べさせていただきたい。それらの中には、間接的にではあるが、創業者の人間観・人生観・経営観から学んだことも、きっとあるはずだ。

①キーワードは、深い意味での「楽しくエンジョイ」

ひとつは、何といっても、やはり楽しくエンジョイということだと思う。それは苦しさや悲しさを乗り越えてこそ感じることのできるものであり、そのような経験をどれくらい積むか、ということだ。そしてもう少し職場にも社会にも集団にも組織にも、喜びや悲しみや苦しみ、感動とか興奮とか喜怒哀楽がもっとあってもよいのではないかと思う。もう四十年以上前になるが、一人のお坊さんの話を聞いて、よく思い出す言葉が二つある。

ひとつは、「人間というのは楽しいから笑うんじゃない。笑うから楽しくなるんだ」という言葉だ。十数年経《た》って、これはアメリカの心理学者のウィリアム・ジェームズ氏の言葉だということを知ったのだが、とにかく楽しさとか笑ったりすることの必要性だ。

もうひとつは、「一生懸命努力して立派な人になるのではなくて、一生懸命努力しているそのことが立派なことなんだ」という言葉である。

②何の目的で……何のために……

二つ目は、何のためにやっているか、何の目的でやっているかということを、常にわれわれは一定期間経ったら振り返る必要がある。一生懸命やっているものこそ、目的と手段が逆転して、手段が目的化していたり、目的が手段化している経験があるのではないだろうか。私は実際に何度か経験した。何のためにやっているのかを点検した時、もうやらなくてよいことを一生懸命やっている可能性もある。こうしたことを心がけておきたい。この当たり前の繰り返しこそ、今の時代に重要なもののひとつだろう。

③「共感と信頼」

三つ目は、共感と信頼だ。私は四十四歳で松下電器労組の中央執行委員長に選任された。当時、松下電器労組単体で約九万三〇〇〇名の組合員、グループ全体で十七万〜十八万といわれていた。「身の引き締まる思い」とか「緊張感漂う」という表現があるが、まさにこの時に経験したこの感覚を、今でも覚えている。それから二〜三年、大会の挨拶や中央委員会の挨拶で、私は出席の代表者に向けて「覚悟」「挑戦」「情熱」という言葉を常に口にしていた。

もちろん何かを行なうためには、自分がまず覚悟をしなければならない。そしてそのことをやり遂《と》げる情熱を持つ。これは当たり前のことだ。しかし、自分だけが覚悟をして情熱を持っても、物事は進まない、人は動かない。物事が大きく進み、人が大きく動くためには、共感と信頼が必要である。共感と信頼は一朝一夕では形作られず、絶え間ない対話と話し込みが重要である。価値感の異なる人とも、違う価値感をぶつけ合って、その価値感を少しずつでも埋めていこうとする、その努力が、共感と信頼を生んでいくのだ。

また、創業者は人を動かす要諦《ようてい》を問われて、こう答えている。「すべて熱意が人を動かすんだという、この単純明快なこと、これですわ。オヤジさんがしっかりやっているのやから、手伝ってやらないといかんなと、人は半分はそれに引きずられて動くものなんです。……熱意があれば、まわりの人がその熱意にほだされて、みな一生懸命やりますよ。……」と。

リーダーは全人格をメンバーからいつも見られていると思わなければならない。

④一人の人間の弱さ

四つ目は、一人の人間は弱いということだ。強い人もいれば、弱い人もいる、それが社会であり、仕事ができる人もいれば、できない人もいるのが、組織であり企業である。効率よく仕事をしている人もいれば、少し時間のかかる人もいる。

そういうことをわれわれは受け止める。経営者の集まりに行って話すときには、「みなさん方は常にそういう目線では見られないでしょう。しかし年に数回でいいから、弱い人間の目線とか、あるいは仕事ができない人の目線で、自分の会社組織や社会を見たら、また違うウイングが広がるのではないでしょうか」と問題提起するようにしている。

人は強い部分もあれば、弱い部分もある。私は産業革命の最大の罪は、工業化社会を作り、そして人の良《よ》し悪《あ》しを、仕事のできる人は良い人、仕事のできない人は駄目な人と、ひとつの尺度だけで測《はか》ろうとしたことではないかと思う。人はもっと多面的な価値を持っているはずだ。

⑤自己研鑽・自己革新

五つ目は自己研鑽《けんさん》・自己革新。常に自分に負荷《ふか》をかけておかなければならない。筋肉も負荷がなければ萎《な》えてしまう。一週間もベッドに寝ていれば、リハビリしないと歩けない。頭も精神も一緒だ。

そのために、私は二つのことを心がけている。ひとつは、同種だけでなく異分野や異業種から学ぶということ。昔の人は「同質の助け合いは足し算にしかならないけれども、異質の助け合いは掛け算になる可能性がある」という言葉を残している。もうひとつは、一対一で対話をすること。しかも自分より見識・知見の高い人との対話だ。一対一では、自分自身の意見をどう相手に理解してもらうか、また相手から何を学ぶかなど、緊張感ある鍛錬の場となる。そのような機会がきわめて重要だ。

創業者は生前、よく「こんな時代やから、陰徳《いんとく》を積んどくことですな。人間にとっての陰徳とは、自分のため、社会のために、平素からよく勉強しておくことですわ」と言っておられたそうだ。

⑥タイミングの重要性

六つ目はタイミングだ。乱暴に言えば、覚悟さえすれば意思決定や判断はいつでもできる。いざとなったら、自分が身を捨てる覚悟をすればよいのだから。しかし、その決断・判断したことを行動に移すタイミング、あるいはメンバーシップに伝えるタイミング、これはひじょうに重要だ。遅くても早くても組織は混乱する可能性がある。

私はクリスチャンではないが、たまに旧約聖書を開くときがある。『旧約聖書』の「伝道の書」第三章にこんな言葉がある。「すべてのことには季節がある。すべてのわざには時がある。生まるるに時があり、死ぬるに時がある。建てるに時があり、壊すに時がある。保つに時があり、捨てるに時がある……」と続くが、ここで述べられているのは、大きなひとつの世界観であろう。しかし、私はこの「時」というのはタイミングを言っているのではないかと思う。タイミングをわれわれは常に計らなければならない。そこに私は九割ぐらいの精力をかけてもよいぐらい重要だと思う。

⑦行動・アクション

最後の七つ目は何といっても行動、アクションだ。今はもうだれかが目標を定めて、それにどう早く到達できるかという競争の時代ではない。自分自身で目標を定めなければならない。あるいは、よく言われる、無《む》から有《ゆう》を作り出さなければならないような時代である。そんな環境下では、多少不確実な部分があっても、これまでと異なる新たなことにトライしなければならない。トライ&エラーを繰り返しながら失敗から学ぶ。その学びを蓄積して次のステージを作っていくしかないのだ。

創業者は、「成功の秘訣は何ですか」と問われたときに、「成功するまでやり続けることだ」と答えている。そしてそのあとに、「失敗すればまたやればいい。ただ、よく考えること、よく工夫することだ」と言っている。

失敗したら失敗から学ぶ、ということだ。その学びをどう生《い》かしていくかということこそ問われている。Something new、つまり次に挑戦するときには何か新しいものをつけ加える。プロセスを変えるもよし、踏み出す方向の角度を少し変えるもよし。

私はシリコンバレーの草創期に知人がいて、シリコンバレーのファンド会社の投資先の決定会議を傍聴することができた。草創期だからもう何十年も前のことだ。その会議は五〜六人だっただろうか、若いCEOが会議室に入ってきて、山積した案件の中から、「二回三回失敗したものを全部抜き出せ」と言う。私と私と一緒にいたもう一人の日本人の二人は、「失敗したから絶対これは除外して、失敗していないほうから投資先を選ぶんだろう」と、200%、いや300%思った。

ところが、彼は言うことが違うのだ。「二回三回失敗したということは、次は成功する可能性がある。どんなことにチャレンジして、どういう失敗をして、そこからどんなことを学び、次にどんなことにチャレンジしたのか、その分析・検証から始めよう。1回も失敗してないのは投資除外だ」と言ったのだ。目からうろこどころではなかった。目全体が落ちたような感じであった。

しかし、日本は失敗を認めない風土がまだある。失敗したら隅《すみ》に追いやってしまう。そんな風土がないだろうか。失敗は学びだ。現在こそ、その風土や文化を創りださなければならない。

変えるものと守るもの——創業者の教え

プロローグでも述べたように、創業者と直接お話しする機会も持てなかった世代であったために、深みのない上っ面だけの表現になってしまったことは否めない。しかし、短期間ではあったが私自身が創業者と向き合ったことは、大きな財産となった。

創業者はもちろん偉大な経営者であった。

今日、日本の企業に不足している、イノベーションといってもいい数々の経営政策を打ち出し、松下電器をビッグカンパニーにしたことは紛《まぎ》れもない事実だ。しかも、経営の根幹である企業の存在意義を明確にする経営理念を普遍的なものにしていった特筆すべき経営者である。

しかし、創業者は経営者の域《いき》を軽く超えて、人間を見つめつづけた思想家・哲学者ではないかと思わずにはいられない。不遇な幼少期、丁稚奉公、独立創業、戦争など多くの経験の中から培《つちか》われてきただけでは理解できない、創業者には、人そのものに対する深い洞察と思いがある。

絶えず企業のあり方、社会における企業のあるべき姿を考え、そこから経営者のあるべき姿、人間としてのあるべき姿に思考を発展させ、次には人はどう生きるのか、幸せとは何かへとステップし、人を愛する、人を尊ぶ、そして、人間を強く見つめつづけ、人間とはいったい何なのかを絶えず問いつづけた、それが創業者の偉大さではないかと思う。それゆえ、企業にとどまらず、日本社会のことを常に考えつづけた。

加えて、無限の可能性を信じて、世界観の創造にも挑戦した。

そうでなければ、弱冠三十七歳で企業の使命を達成するための「250年計画」を立てることができただろうか。二五〇年を十節に分割し、二十五年をさらに三期に分け、第一節の十年は建設時代、次の十年は活動時代、最後の五年は世間に対する貢献時代とし、それを十回繰り返そうという遠大な計画だ。また、前述した経営理念を売るという発想！

一方、松下電器が躍進の過程にあった、ある年の新聞記者との懇談会の席上、「松下電器を、これからどんな会社にしたいですか」という質問に対し、「社員の心が躍《おど》っている会社にしたい」と答えられたそうだ。記者たちの質問の意図は「何年後何千億円規模に」とか「業界何位、あるいは日本の第何位の会社に」といった答えを期待したと思われるが……。このことも創業者の真の姿を表わす出来事だろう。

平成から令和へと時代は移った。

「昭和」は創業者が、その理念を事業・思想・政治を通して実現を目指した時代、「平成」は創業者亡き後、その意志を脈々と継承すべき時代、そして、「令和」は目指すべき姿をもう一度再確認し、自信を取り戻し次のステップへ進む時代と位置づけたい。

時代は移ろうとも、また、こんな急激な環境変化の時代だからこそ、変えるべきものは大胆に変え、変えてはいけないもの、すなわち守るべきものはきちんと守ることを、常に忘れずにいたいものだ。加えて、私たちは、変えるべきものと変えてはいけないものを峻別《しゅんべつ》する知恵を常に磨く努力を怠《おこた》ってはならない。

それが、創業者の最大の教えであるのではないだろうか。

最後に、創業者の言葉――「道」を噛み締めながら筆をおくことにする。

自分には

自分に与えられた道がある
広い時もある
せまい時もある
のぼりもあればくだりもある
思案にあまる時もあるだろう
しかし　心を定め
希望をもって歩むならば
必ず道はひらけてくる
深い喜びも
そこから生まれてくる

（「道」——松下幸之助著
『道をひらく』より）

〔参考文献〕

松下電器産業労働組合『たゆみなき創造』（一九六六年）
『続たゆみなき創造』（一九七六年）
『新たゆみなき創造』（一九八七年）
『たゆみなき創造Ⅳ』（一九九六年）

松下幸之助
『企業の社会的責任とは何か？』　ＰＨＰ研究所（Kindle版）
『人生談義』　ＰＨＰ文庫（Kindle版）
『道をひらく』　ＰＨＰ研究所（一九六八年）
『人を活かす経営』　ＰＨＰ研究所（Kindle版）

高橋荒太郎『語り継ぐ松下経営』　ＰＨＰ研究所（一九八三年）

ＰＨＰ総研　研究報告『企業は社会の公器』

切りとり線

★読者のみなさまにお願い

この本をお読みになって、どんな感想をお持ちでしょうか。祥伝社のホームページから書評をお送りいただけたら、ありがたく存じます。今後の企画の参考にさせていただきます。また、次ページの原稿用紙を切り取り、左記まで郵送していただいても結構です。

お寄せいただいた書評は、ご了解のうえ新聞・雑誌などを通じて紹介させていただくこともあります。採用の場合は、特製図書カードを差しあげます。

なお、ご記入いただいたお名前、ご住所、ご連絡先等は、書評紹介の事前了解、謝礼のお届け以外の目的で利用することはありません。また、それらの情報を6カ月を越えて保管することもありません。

〒101-8701（お手紙は郵便番号だけで届きます）
祥伝社新書編集部
電話03（3265）2310
祥伝社ホームページ　http://www.shodensha.co.jp/bookreview/

★本書の購買動機（新聞名か雑誌名、あるいは○をつけてください）

＿＿＿新聞の広告を見て	＿＿＿誌の広告を見て	＿＿＿新聞の書評を見て	＿＿＿誌の書評を見て	書店で見かけて	知人のすすめで

★100字書評……松下幸之助と私

名前

住所

年齢

職業

牛尾治朗　うしお・じろう

1931年、兵庫県生まれ。ウシオ電機株式会社を設立、代表取締役会長。長きにわたり、経済界の論客として活躍。経済同友会特別顧問。日本生産性本部名誉会長。

野田佳彦　のだ・よしひこ

1957年、千葉県生まれ。千葉県議会議員を経験後、衆議院議員となる。財務大臣を経て、第95代内閣総理大臣。院内会派「社会保障を立て直す国民会議」代表。

古賀伸明　こが・のぶあき

1952年、福岡県生まれ。全松下労働組合連合会会長から日本労働組合総連合会（連合）事務局長を経て、第6代の同会長。退任後、連合総研理事長。

松下幸之助《まつしたこうのすけ》と私《わたし》

牛尾治朗《うしおじろう》　野田佳彦《のだよしひこ》　古賀伸明《こがのぶあき》

2019年8月10日　初版第1刷発行

発行者……………辻 浩明

発行所……………祥伝社《しょうでんしゃ》

〒101-8701　東京都千代田区神田神保町3-3

電話　03(3265)2081(販売部)

電話　03(3265)2310(編集部)

電話　03(3265)3622(業務部)

ホームページ　http://www.shodensha.co.jp/

装丁者……………盛川和洋

印刷所……………萩原印刷

製本所……………ナショナル製本

Printed in Japan　ISBN978-4-396-11577-7　C0230

〈祥伝社新書〉
歴史に学ぶ

366
はじめて読む人のローマ史1200年
建国から西ローマ帝国の滅亡まで、この1冊でわかる!
東京大学名誉教授
本村凌二

168
ドイツ参謀本部 その栄光と終焉
組織とリーダーを考える名著。「史上最強」の組織はいかにして作られ、消滅したか
上智大学名誉教授
渡部昇一

379
国家の盛衰 3000年の歴史に学ぶ
覇権国家の興隆と衰退から、国家が生き残るための教訓を導き出す!
渡部昇一
本村凌二

541
日本の崩壊
日本政治史と古代ローマ史の泰斗が、この国の未来について語り尽くす
東京大学名誉教授
御厨 貴
本村凌二

351
英国人記者が見た連合国戦勝史観の虚妄
滞日50年のジャーナリストは、なぜ歴史観を変えたのか。画期的な戦後論の誕生!
ジャーナリスト
ヘンリー・S・ストークス

〈祥伝社新書〉
経済を知る

111

超訳『資本論』

貧困も、バブルも、恐慌も――マルクスは『資本論』の中に書いていた！

神奈川大学教授
的《まと》場《ば》昭《あき》弘《ひろ》

343

なぜ、バブルは繰《く》り返されるか？

バブル形成と崩壊のメカニズムを経済予測の専門家がわかりやすく解説

久留米大学教授
塚崎公義

498

総合商社

その「強さ」と、日本企業の「次」を探る

なぜ日本にだけ存在し、生き残ることができたのか。最強のビジネスモデルを解説

専修大学教授
田中隆之

478

新富裕層の研究

日本経済を変える新たな仕組み

新富裕層はどのようにして生まれ、富《とみ》のルールはどう変わったのか

経済評論家
加《か》谷《や》珪《けい》一《いち》

570

資本主義と民主主義の終焉

平成の政治と経済を読み解く

平成とは「終わり」の時代だった。令和の日本はどうなるのか？

法政大学教授
水野和夫
法政大学教授
山口二郎

〈祥伝社新書〉
昭和史

460

石原莞爾の世界戦略構想

希代の戦略家にて昭和陸軍の最重要人物、その思想と行動を徹底分析する

名古屋大学名誉教授 川田 稔

344

蔣介石の密使 辻政信

2005年のCIA文書公開で明らかになった驚愕《きょうがく》の真実！

近代史研究家 渡辺 望《のぞむ》

429

日米開戦 陸軍の勝算

「秋丸機関」の最終報告書

「秋丸機関」と呼ばれた陸軍省戦争経済研究班が出した結論とは？

昭和史研究家 林 千《ち》勝《かつ》

332

北海道を守った占《しゅむ》守《しゅ》島《とう》の戦い

終戦から3日後、なぜソ連は北千島に侵攻したのか？ 知られざる戦闘に迫る

自由主義史観研究会理事 上原 卓《たかし》

575

永田鉄山と昭和陸軍

陸軍の逸材はなぜ殺されたた？ 彼は戦争を止められたのか？

歴史研究者 岩井秀一郎